초등 필수
인성 배움 사전

"학교에서 빛나는 아이, 친구들에게 인정받는 아이"

초등 필수 인성 배움 사전

박은선·김인의·박여울·박정은 지음

체인지업
CHANGEUP

추천사

　오늘날 우리 아이들에게 진정 필요한 것은 따뜻함을 품은 가슴이고, 세상을 새롭게 바라보는 눈입니다. 이 책은 교육이 무엇을 향해야 하는지를 조용히, 그러나 흔들림 없이 증언하고 있습니다.

　사랑은 무엇이고, 공감은 어디에서 시작되는가. 책임은 얼마나 깊은 무게를 가지며, 지혜는 어떻게 삶을 이끄는가. 이 책은 아이의 언어와 시선으로 그러한 물음을 끌어내고, 그 물음 앞에 조용히 서게 합니다. 마음을 키우는 낱말을 배우는 것을 넘어 마음의 결을 익히고, 감성을 풍요롭게 하는 문장을 익히는 것을 넘어 생각을 넓힐 수 있도록 도와줍니다.

　이 책에는 교실에서 아이들과 숨을 섞고 눈을 마주치며 살아온 선생님들의 시간이 배어 있습니다. 그렇기에 이 책은 단지 책상 위에 올려 두는 읽을거리가 아

닌, 아이들의 생활 속에서 사용하고, 느낄 수 있는 살아 있는 책입니다. 책장을 넘기는 작은 손끝마다 '나도 할 수 있어요.'라는 속삭임이 싹트고, 그 속삭임은 아이들의 삶을 바꾸는 첫 문장이 됩니다.

한 아이의 마음속에 심긴 조그만 씨앗 하나가 말이 되고 문장이 되어 마침내 조용히 꽃 피웁니다. 이 책은 그 고요하고도 찬란한 여정을 담고 있습니다. 그 시작은 조용하지만 결코 약하지 않습니다. 오히려 그 조용함 속에, 세상을 바꿀 수 있는 단단한 힘이 깃들어 있었습니다.

이 아름다운 책을 오늘을 살아가는 아이들과 그 곁을 함께 걷는 부모님께 따뜻한 마음으로 추천합니다.

서울대학교 윤리교육과 교수 김상범

머리말

우리는 여러 사람들과 더불어 살아가요. 그중에는 생각이나 마음이 나와 같은 사람도 있지만 그렇지 않은 사람도 있어요. 다양한 사람들과 함께 지내다 보면 내 생각이 더욱 깊어지고 넓어지기도 하지만 때로는 갈피를 잡지 못하고 길을 잃기도 해요. "이럴 때는 어떻게 행동하는 게 옳지?", "내 생각이 틀렸나?" 하고 말이에요.

수많은 사람들 틈에서 길을 잃지 않으려면 나침반이 필요해요. 나침반이 있으면 길을 잃지 않고, 나아가야 할 방향을 알 수 있어요. 이 나침반이 바로 '가치'입니다. 가치는 우리가 소중하게 여기고 지켜야 하는 마음과 태도를 말해요. 어려움에 처한 친구를 도와주거나, 나를 믿어 주시는 부모님과의 약속을 잘 지키는 것처럼요.

이 책에는 여러분의 나침반이 되어 줄 70가지 가치

　를 담았어요. 긍정, 성실, 솔선, 인내, 평등, 인류애와 같은 가치를 통해 나를 사랑하는 방법, 친구와 사이좋게 지내는 방법, 부모님과 잘 지내는 방법, 밝은 세상을 만들어 가는 방법을 배울 수 있어요.

　이 책을 통해, 올바른 길을 찾아 나서기 위해 꼭 알아야 할 70가지 가치를 마음으로 익혀 보세요. 그리고 직접 실천해 보세요. 생각을 행동으로 옮기면 변화가 생겨요. 이렇게 생겨난 변화는 우리 주변의 이웃에게 좋은 영향을 주고, 나아가 행복한 세상을 만들어 준답니다.

　이 책을 나침반 삼아, 언제 어디서든 자신만의 소중한 가치를 지키며 살아가는 멋진 어린이가 되길 바랍니다.

 박은선, 김인의, 박여울, 박정은 선생님

목차

추천사 ✿ 4
머리말 ✿ 6

1. 나를 사랑하는 나

긍정 | 지금의 내가 좋아 ✿ 14
도전 | 어려워도 문제없어 ✿ 16
믿음 | 난 괜찮은 사람이야 ✿ 18
사랑 | 나는 소중해 ✿ 20
자신감 | 잘할 수 있어 ✿ 22
자존감 | 내가 자랑스러워 ✿ 24
희망 | 나에게는 꿈이 있어 ✿ 26

2. 믿음으로 자라나는 나

근면 | 계획을 잘 지켜 ✿ 30
끈기 | 쉽게 멈추지 않아 ✿ 32
노력 | 될 때까지 도전해 ✿ 34
성실 | 할 일을 미루지 않아 ✿ 36
실천 | 행동하는 게 중요해 ✿ 38
열정 | 있는 힘껏 도전해 ✿ 40
절제 | 알맞게 조절해 ✿ 42

3 나눌수록 따뜻해지는 나

경청 | 집중해서 잘 들어 ✿ 46
공감 | 네 마음을 알아 ✿ 48
관용 | 너를 이해해 ✿ 50
소통 | 우리는 잘 통해 ✿ 52
위로 | 넌 혼자가 아니야 ✿ 54
존중 | 네 생각도 소중해 ✿ 56
친절 | 친구를 잘 도와줘 ✿ 58

4 마음이 단단해지는 나

결의 | 반드시 이룰 거야 ✿ 62
솔선 | 내가 먼저 할게 ✿ 64
신용 | 약속은 꼭 지켜 ✿ 66
준수 | 규칙을 잘 지켜 ✿ 68
질서 | 차례차례 순서대로 ✿ 70
책임 | 내 일은 내가 해 ✿ 72
협동 | 다 함께 힘을 모아 ✿ 74

5 언제나 예의 바른 나

감사 | 감사함을 전해 ✿ 78
공손 | 웃어른을 공경해 ✿ 80
예의 | 인사를 잘해 ✿ 82
인정 | 난 이런 아이야 ✿ 84
존경 | 부모님을 존경해 ✿ 86
청결 | 깨끗한 게 좋아 ✿ 88
효도 | 부모님께 정성을 다해 ✿ 90

 ## 6 스스로 조절하는 나

겸손 | 잘난 척하지 않아 ✿ 94
배려 | 주변을 잘 살펴봐 ✿ 96
신중 | 더 깊이 생각해 ✿ 98
조절 | 마음의 균형을 잡아 ✿ 100
중용 | 넘치지도 않아 ✿ 102
침착 | 두근거려도 차분하게 ✿ 104
통제 | 마음을 조절해 ✿ 106

 ## 7 늘 맑고 깨끗한 나

반성 | 잘못을 돌아봐 ✿ 110
신뢰 | 언제나 믿음을 줘 ✿ 112
양심 | 언제나 바른 마음 ✿ 114
용기 | 겁내지 않아 ✿ 116
정직 | 꾸밈없이 올곧아 ✿ 118
진정성 | 진심을 보여 줘 ✿ 120
청렴 | 욕심부리지 않아 ✿ 122

8 깊이 생각하는 슬기로운 나

분별 | 올바르게 판단해 ✿ 126
사려 | 배려하고 생각해 ✿ 128
성찰 | 내 마음을 반성해 ✿ 130
숙고 | 충분히 고민해 ✿ 132
인내 | 꾹 참고 기다려 ✿ 134
지혜 | 슬기롭게 행동해 ✿ 136
합리 | 이치에 꼭 알맞아 ✿ 138

9 이웃과 더불어 살아가는 나

공평 | 함께 나누어 갖자 ✿ 142
연대 | 마음을 한데 모아 ✿ 144
정의 | 올바른 생각과 마음 ✿ 146
평등 | 차별이 싫어 ✿ 148
평화 | 사이좋게 지내 ✿ 150
포용 | 달라도 괜찮아 ✿ 152
협력 | 힘을 모아 서로 도와 ✿ 154

10 더 큰 세상으로 나아가는 나

공존 | 모두 함께 살아가 ✿ 158
다양성 | 달라서 더 아름다워 ✿ 160
봉사 | 서로 돕는 즐거움 ✿ 162
애국심 | 우리나라가 좋아 ✿ 164
인권 | 우린 모두 보배로워 ✿ 166
인류애 | 모두 아끼고 사랑해 ✿ 168
자긍심 | 우리 문화가 자랑스러워 ✿ 170

나의 점수로 만족해

3학년 이윤슬

오늘 시험을 봤어

나의 단짝 친구는 100점이래

그런데 친구가 나는 몇 점이냐고 물어봤어

하지만 난 이야기하기 싫어

왜냐하면 난 50점이거든

하지만 괜찮아

다음 시험에는 60점

그다음에는 70점

점점 점수는 좋아질 거야

두고 봐

100점 맞을 거니까

1 나를 사랑하는 나

20 년 월 일   날씨

다정한 눈을 가지게 된 날

안경을 낀 내 모습이 낯설다.
하지만 이제 나는 땅에 기어가는 개미도
잘 살필 수 있는 다정한 눈을 가지게 되었다.
팔랑 날아다니는 나비의 날개 색깔도 잘 보인다.

긍정

어떤 말이나 생각이 맞다고 믿고 받아들이는 마음

오늘은 줄넘기를 다섯 개밖에 못 했어.
하지만 일곱 살 때보다 훨씬 잘하게 되었으니 괜찮아!

강아지를 키울 수 없다는 엄마의 말에 많이 서운했지만,
내가 조금 더 커서 강아지를 스스로 잘 돌볼 수 있을 때까지
기다리기로 했어.

새로운 학년이 시작되었어. 새롭게 만날 선생님과 친구들을
생각하면 조금 떨리고 걱정되기도 하지만 괜찮아!
금세 친구도 많이 사귀고 좋은 추억도 만들 거야.

인성 씨앗 심기

다른 친구와 비교할 필요 없어요. 나에게는 나만의 장점이 있답니다.
나의 장점 세 가지를 말해 볼까요?

20 년 월 일   날씨

8단은 정말 어려워!

"팔 삼은 이십칠?"
구구단 8단을 외우지 못해서 오늘도 틀렸다.
하지만 내일 한 번 더 외우면
이제는 제대로 외울 수 있을 거야!

도전
어려운 일도 정면으로 맞서 용감하게 해 보는 마음

태권도장에서 새롭게 배운 동작이 너무 어려워.
하지만 절대 포기하지 않을 거야.
열심히 연습하면 금세 익힐 수 있어!

처음으로 보조 바퀴를 떼고 두발자전거를 탔어.
몇 번이나 넘어져서 눈물이 찔끔 났지 뭐야.
그래도 "한 번 더 해 보자!"라고 외치며 일어났어.

형이랑 보드게임을 했는데 오늘도 졌어.
그래도 다시 하고 싶어. 이번에는 이길 수 있을 것 같아.

인성 씨앗 심기

작은 도전을 꾸준히 하면 나중에는 어떤 일이든지 자신감을 가지고 도전할 수 있어요.
요즘 도전해 보고 싶은 일이 있다면, 바로 오늘부터 시작해 보세요.

20 년   월   일   날씨

삑삑 거리는 내 리코더

내 리코더는 왜 매번 삑삑 거릴까?
오늘부터 매일 5분씩이라도 연습해야지.
그러면 일주일 뒤의 나는 분명히 리코더를
더 잘 불 수 있게 될 거야!

믿음
어떤 사실이나 사람을 믿는 마음

수학 문제를 많이 틀렸어. 하지만 괜찮아!
틀린 문제를 꼼꼼히 다시 풀어 보면,
다음에는 이 문제를 맞힐 수 있을 거야.

"네가 체조 선수를 한다고?"
친구가 내 꿈 발표를 듣고 비웃었어. 하지만 매일 열심히
체조 연습을 하면 세계적인 체조 선수가 될 수 있다고 믿어.

체육시간에 뜀틀이 무서워 망설이고 있었어.
그때 친구들이 "할 수 있어!"라고 응원해 줬어.
그 말에 용기를 내었더니, 어느새 뜀틀을 훌쩍 뛰어넘었어!

 **인성 씨앗 심기**

리코더, 공부 등 평소에 잘하지 못하거나 어려운 게 있다면 조금 더 노력하면 돼요.
나를 믿어 줄 첫 번째 사람은 바로 나 자신이랍니다. "난 OOO를 잘할 수 있어!"라고 한
번 외쳐 볼까요?

나는 나를 사랑해!

20 년 월 일 날씨

거울아, 세상에서 누가 제일 예쁘니?

거울 속의 나를 보며 밝게 웃어 보았다.
누가 뭐래도 웃는 내 얼굴은 참 예쁘다.
'나는 내가 정말 좋아!'라고 속으로 외치니
마음이 따뜻해지면서 기분이 좋아졌다.

사랑
어떤 사람을 아주 소중하게 생각하고 아끼는 마음

도넛을 두 개 더 먹고 싶었지만 단 것을 너무 많이 먹으면 건강에 좋지 않아.
내 몸은 소중하니까, 딱 하나만 먹고는 참았어.

달리기를 하다가 돌부리에 걸려 꽈당 넘어졌어.
상처 난 내 무릎에 연고를 바르고 밴드를 붙였어.

밤늦게까지 종이접기를 하고 싶었지만, 꾹 참고 잠자리에 들 준비를 했어. 그래야 다음 날 피곤하지 않으니까!

> **인성 씨앗 심기**
>
> 나를 아끼고 사랑하면 다른 사람을 사랑할 수 있는 따스하고 넉넉한 마음이 생겨요.
> 거울을 보고 나에게 "○○아, 세상에서 제일 사랑해."라고 말해 볼까요?

20 년   월   일   날씨

나는야, 슈퍼맨이 될 거야!

슈퍼맨이 되어 이웃을 도울 거예요!

국어 시간에 선생님께서 10년 후에
어떤 어른이 되고 싶냐고 물으셨다.
나는 씩씩하게 손을 들고 일어나서 이야기했다.
"저는 어려운 이웃을 돕는 슈퍼맨이 되고 싶어요!"

자신감
나는 할 수 있다고 믿는 마음

반 대표로 달리기 계주가 됐어. 심장이 쿵쾅거렸지만 출발선에 두 발을 딛고 준비 자세를 취했어.
"나는 할 수 있어!"

음악 시간에 리코더 시범을 보여 줄 학생을 찾으시는 선생님께 이야기했어.
"제가 한번 해 보겠습니다."

"선생님, 안녕하세요! 예슬아 안녕?"
아침 등굣길에 만난 선생님과 친구들에게 먼저 다가가 반갑게 인사했어.

인성 씨앗 심기

어떤 일이든 자신감을 가지고 행동하는 것이 중요해요. 하루를 시작하기 전에 "오늘도 아주 멋진 날이 될 거야!"라고 주문을 걸어 봐요.

20 년 월 일 날씨

키는 중요하지 않아

친구들이 키가 작다고 놀렸다.
그래도 나는 괜찮다.
키가 작든 크든, 나는 그 자체로 소중하기 때문이다.
솔직히 키가 작은 나는 귀여운 편이다!

자존감
자기 자신을 소중하게 여기고 품위를 지키려는 마음

나는 물건을 고를 때 시간이 오래 걸리는 편이야.
그래서 주변에서 답답하다는 핀잔을 듣기도 해.
하지만 괜찮아. 나는 그만큼 신중한 아이니까.

"민우야, 네 지우개 여기 있어!"
친구의 지우개를 찾아 주었더니 마음이 뿌듯했어.
난 친구를 도울 줄 아는 멋진 아이야.

"오늘은 엄마, 아빠 그리고 제 양말까지 모두 갰어요!"
양말 짝을 찾기까지 시간은 오래 걸렸지만,
포기하지 않고 해낸 내가 대견해.

인성 씨앗 심기

자존감이 높다는 건 나를 아주 많이 사랑한다는 뜻이에요. 자존감이 높으면 실패해도 다시 도전할 힘이 생기지요. 잠자리에 들기 전에 오늘 했던 일들 중 제일 잘한 일 한 가지를 떠올리며 스스로 칭찬해 보세요.

20 년   월   일   날씨

오늘부터 줄넘기 연습 시작

몸도 마음도 튼튼해져서 용감한 소방관이 될 거야!

오늘 우리 반에 소방관 아저씨가 왔다.
불길 속에서도 사람을 구하는 이야기를 듣고,
나도 꼭 그런 소방관이 되고 싶었다.
오늘부터 튼튼해지기 위해 줄넘기 연습을 시작했다!

희망
어떤 일을 이루거나 하기를 바라는 마음

그림책 속의 멋진 선생님을 보며 나도 그 선생님처럼
사랑이 많은 선생님이 되고 싶다고 생각했어.
꿈을 떠올리니 마음이 두근거리기 시작해!

오늘은 가족들과 함께 공룡 박물관에 다녀왔어.
나는 아무도 발견하지 못한 새로운 공룡을 찾아내고 연구하는
멋진 공룡 박사가 될 거야.

빵 굽는 냄새가 솔솔 나는 빵집을 지나며 다짐했어.
배고픈 사람들에게 맛있는 빵을 선물하는 멋진 제빵사가
되어야지!

인성 씨앗 심기

어른이 되면 어떤 일을 하고 싶나요? 어떤 꿈이든 간절히 바라면 이루어질 거예요.
부모님과 친구들에게 자랑스러운 나의 장래 희망을 소개해 보세요.

숙제

3학년 위민호

나는 매일매일
숙제를 한다.

너무너무 귀찮다.

하지만 할 것이다.

안 하면 바보가 되니까.

20 년   월   일   날씨

반짝반짝 내 침대

아침에 일어나니 이불이랑 베개가 엉망이었다.
그래서 바로 일어나 이부자리를 정리했다.
이부자리를 정리하니 방이 깔끔해졌다.
기분이 좋아져서 오늘은 무슨 일이든 잘 될 것만 같다.

근면
게으르지 않고 열심히 노력하는 마음

 이번 겨울 방학에는 매일 10분씩 동화책을 읽을 거야.
꾸준히 노력하면 어떤 책이든 술술 읽게 되겠지?

매일 아침마다 화분에 물을 주며 식물을 돌봐.
작은 싹이 자라는 걸 보니 무척 신기해.
또 부지런한 내 모습에 뿌듯함을 느껴!

 눈이 많이 와서 평소보다 일찍 집을 나섰어.
등교 시간을 지키는 것은 선생님과의 약속이니까!

인성 씨앗 심기

근면을 실천하면 규칙적인 생활을 할 수 있어요. 그러면 몸도 마음도 튼튼해지지요. 튼튼한 몸과 마음은 우리가 더 즐겁게 생활하도록 도와준답니다. 아침 일찍 일어나는 습관부터 길러 볼까요?

20 년   월   일   날씨

마지막 한 조각까지!

내가 좋아하는 캐릭터 퍼즐을 선물 받았다.
조각이 너무 많아서 시간이 오래 걸렸지만,
끝까지 포기하지 않고 퍼즐을 맞추었다.
완성된 퍼즐을 보니 무척 뿌듯했다.

끈기
어려운 일이 있어도 포기하지 않고 계속 도전하는 힘

이 문제는 몇 번을 풀어도 잘 모르겠어.
어려워서 그만두고 싶지만, 포기하지 않고 끝까지
풀어 볼래.

오늘 체육 시간에 내가 제일 힘들어하는 오래달리기를 했어.
처음에는 숨이 턱까지 차서 힘들었지만, 그래도 멈추지
않고 끝까지 달렸어.

받아쓰기 연습을 할 때 같은 부분을 계속 틀려서 답답해.
알맞게 쓸 때까지 자꾸자꾸 봐야겠어.
"아빠, 저 받아쓰기 연습하는 것 좀 도와주세요!"

인성 씨앗 심기

포기하지 않고 끈기 있게 노력하다 보면 우리는 무엇이든 할 수 있어요. 바라던 일을 내 힘으로 하나둘 이루게 되면 실력도 좋아지고 자신감도 무럭무럭 자라나요. 나의 실력과 자신감이 커다란 나무만큼 자랄 수 있도록 끝까지 힘을 내요.

20 년　월　일　　날씨

조금씩 예뻐지는 내 글씨

글씨 연습을 시작했다.
처음에는 손가락도 욱신대고 눈도 어질어질했다.
그런데도 계속 노력하다 보니 글씨가 예뻐져서
선생님께 칭찬받았다. 정말 기뻤다.

노력
어떤 목표를 이루기 위해 열심히 힘을 쏟는 일

오카리나 연주는 복잡하고 어렵지만 계속 연습하면 나도 아름다운 소리를 낼 수 있을 거야.
학교 끝나고 연습해야지!

친구들 앞에서 발표하려니 목소리가 작아지고 얼굴도 빨개졌어. 그래도 거울 앞에서 여러 번 연습했더니, 이제는 큰 소리로 또박또박 말할 수 있게 되었어!

처음에는 신발 끈을 묶을 때마다 꼬여서 실패했어.
하지만 포기하지 않고 계속 연습했더니,
이제는 여러 가지 방법으로 묶을 수 있게 됐어!

인성 씨앗 심기

잘하든 못하든 열심히 노력하는 태도는 나를 빛나는 사람으로 만들어 줘요.
중요한 것은 포기하지 않고 끝까지 해내려는 마음이랍니다.

20 년 월 일 날씨

매일 20분의 마법

여름 방학 동안 매일 20분씩 피아노를 연습했다.
하기 싫은 날도 있었지만,
꾸준히 연습했더니 어려운 곡도 틀리지 않고
잘 칠 수 있게 되었다.

성실
맡은 일을 정직하고 꾸준히 해내는 마음

매일 저녁마다 일기를 빠지지 않고 썼어.
귀찮을 때도 있었지만, 꼭 한 줄이라도 정성껏 적었지.
일년이 지나니 나만의 기록이 가득 쌓였어!

"너희 먼저 가. 나는 청소 마치고 뒤따라갈게."
학교가 끝나고 곧장 친구들과 놀러 가고 싶었지만,
꾹 참고 걸레질을 했어. 오늘은 내가 청소 당번이니까!

선생님께서 말씀하신 준비물을 잊지 않기 위해
자기 전에 미리 책가방을 챙겼어. 아침에 급하게
챙기면 꼭 빠뜨리는 게 생기거든.

인성 씨앗 심기

성실하게 생활하면 내 마음의 실력이 쑥쑥 늘어 자신감이 생겨요. 아주 작은 것부터 꾸준히 실천해 보세요.

20 년　월　일　　날씨

꼭 안아 줄래요

엄마가 피곤해 보여서 힘이 돼 드리고 싶었다.
'엄마를 꼭 안아드려야지!' 하고 마음먹었지만,
쑥스러웠다. 그래도 용기를 내서 안아 드렸다.
그러자 엄마도 웃으시고, 나도 기분이 좋아졌다.

실천
마음속으로만 생각하지 않고 실제 행동으로 옮기는 일

늦잠을 자서 아침마다 허둥지둥 서두르고 싶지 않아.
오늘부터 일찍 자고 일찍 일어나는 습관을 들여야겠어.

일요일마다 부모님을 도와 청소를 하기로 했어.
아빠는 '작심삼일'이 아니냐고 하시지만, 난 반드시
지킬 거야. 제일 먼저 창문을 반짝반짝하게 닦아야지!

약속 시간에 늦지 않기 위해 조금 일찍 집을 나섰어.
미리 약속 장소에 가서 친구를 기다려야지!

인성 씨앗 심기

생각만 하고 행동하지 않으면 아무것도 변하지 않아요. 작은 실천들이 하나둘 모여 나를 훌륭한 사람으로 만들어 준답니다. 생각한 것들을 하루에 한 가지씩 행동으로 옮겨 보세요.

20 년 월 일   날씨

주인공은 아니지만!

모둠별로 연극을 발표하기로 했다.
맡은 역할을 잘 해내고 싶어서 매일 열심히 연습하고 있다.
비록 무대에서 잘 보이지 않는 나무 역할이지만,
친구들에게 멋진 '나만의 나무'를 보여주고 싶다.

열정
좋아하는 일에 애정을 가지고 힘차게 몰두하는 마음

방송 댄스 시간에 내가 좋아하는 아이돌 춤을 배웠어. 어려운 동작이 많아서 자꾸 틀렸지만, 그래도 정말 재미있었어. 멋지게 따라 출 수 있도록 열심히 연습해야지!

반에서 종이 팽이 돌리기 대회를 열었어.
내 팽이가 빙글빙글 잘 돌아서 우승을 하면 좋겠어.
어떤 모양으로 팽이를 만들면 좋을지 한참을 고민했어.

과학 시간에 화산 폭발 실험을 했어. 화산이 어떻게 폭발하는지 자세히 알고 싶은 마음에 집중했더니 시간이 가는 줄도 몰랐어. 다음에 또 실험을 하고 싶어!

인성 씨앗 심기

내가 좋아하는 일을 하면 힘이 나고 더 잘하고 싶은 마음이 생겨요. 그러면 어려움을 겪어도 포기하지 않고 끝까지 해낼 수 있지요. 요즘 여러분은 열정을 가지고 몰두하는 일이 있나요?

알맞게 조절해

20 년   월   일   날씨

젤리가 나를 유혹해!

큰 젤리 통에서 오빠가 젤리를 꺼냈다.
젤리를 모두 먹고 싶어서 입안에 군침이 돌았다.
"딱 하나만 먹자!"라고 다짐하며 한 개만 먹었다.
많이 먹고 싶은 마음을 이겨낸 내가 스스로 대견했다.

절제
너무 지나치지 않게 스스로 조절하는 마음

세뱃돈으로 장난감을 사고 싶었지만 바로 사지 않고 나에게 꼭 필요한 것인지 생각해 봤어. 집에 비슷한 장난감이 있으니 이건 안 사도 될 것 같아.

게임은 하루에 30분만 하기로 부모님과 약속했어. 그런데 그 30분은 왜 이렇게 금방 가는 거야? 조금 더 하고 싶지만, 약속은 반드시 지켜야지.

친구가 실수로 나를 치고 갔을 때 기분이 나빴지만, 화내지 않고 차분하게 이야기했어.
"네가 나를 치고 가서 다칠 뻔했어. 사과해 줘."

인성 씨앗 심기

절제하려는 습관을 기르면 부모님과 선생님, 친구들까지도 나를 믿고 인정하게 돼요. 하고 싶은 일과 해야 할 일을 떠올려 보고, 어떤 것을 먼저 하면 좋을지 생각해 봐요.

나만의 방법

3학년 이윤슬

친구가 날 속상하고 화나게 했어
너무너무 화가 나
그리고 너무 속상해

하지만 나는 나를 다독여 주는 방법이 있어
뭐냐면 내 두 손을 포개서 가슴 위에 놔 두고 이야기해

괜찮아
친구는 실수였을 거야
그러면 마음이 조금이라도 편안해져

누구나 나만의 방법이 있을 거야
그 방법은 다 다르지만
서로를 존중하게 될 거야

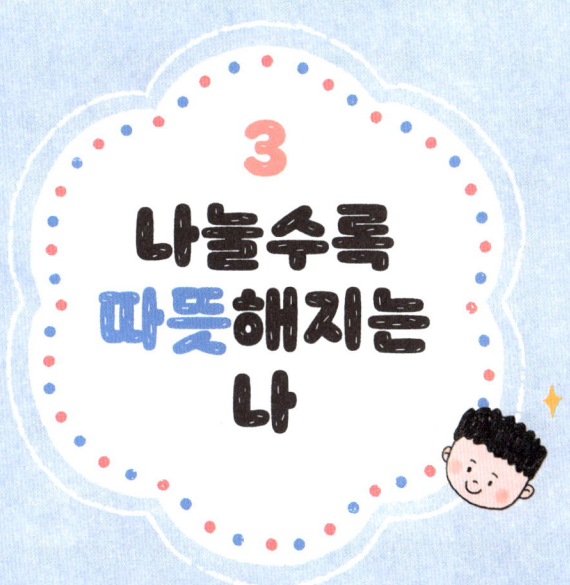

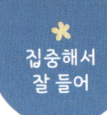

20 년   월   일   날씨

효진이의 다람쥐 이야기

효진이가 캠핑장에서 본 다람쥐 이야기를 해 주었다.
나는 고개를 끄덕이며 끝까지 귀 기울여 들었다.
한껏 신이 나 조잘대는 효진이의 얼굴이
다람쥐처럼 귀여웠다.

경청

상대방의 말을 집중해서 잘 듣는 일

선생님께서 중요한 내용을 설명하실 때 두 귀를 쫑긋 세우고 들었어. 선생님 말씀은 하나도 놓치지 않을 거야.

"그다음에는 어떻게 됐어?"
은진이가 재미있는 이야기를 들려주었는데 다음 내용이 궁금해서 견딜 수가 없었어.

친한 친구랑 다퉈서 속상하다며 눈물을 뚝뚝 흘리는 은수 곁에서 조용히 속 이야기를 들어 주었어.

인성 씨앗 심기

경청은 다른 사람의 이야기를 잘 들어 주는 거예요. 친구가 이야기할 때는 귀 기울여 들어야 해요. 그래야 친구도 나와 이야기하는 게 즐겁다고 느낀답니다.

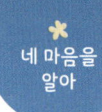
네 마음을 알아

20 년 월 일 날씨

짝짝이 양말도 괜찮아

현수가 짝짝이 양말을 신고 학교에 왔다.
짝이 맞지 않는 양말을 발견하고 당황한 현수에게
"괜찮아, 나도 가끔 양말을 잘못 신을 때가 있어."라고 말했다.
현수는 내 말을 듣고 안심하며 웃었다.

공감
다른 사람의 감정이나 의견을 나도 그렇다고 느끼는 일

 발표를 앞두고 벌벌 떨고 있는 친구에게 이야기했어.
"많이 긴장되지? 그 기분 나도 알아."

"수지야, 정말 축하해! 네가 상을 받았다니 무척 기뻐."
친구가 그림 대회에서 상을 받았다는 소식을 들으니
마치 내 일인 것처럼 기뻤어.

 외할머니가 돌아가셨을 때 슬퍼하는 엄마를 꼭 안으며
말했어. "엄마, 저도 할머니가 많이 보고 싶어요."

인성 씨앗 심기

다른 사람에게 공감하면 내 마음에도 따스한 빛이 스며들어요. 내 곁의 소중한 사람의 마음을 헤아려, 따뜻한 말 한마디를 건네 볼까요?

20 년   월   일   날씨

딱지보다 소중한 내 친구

점심시간에 민규랑 딱지치기를 했다.

그런데 민규가 내 딱지를 밟는 바람에 딱지가 부욱 찢어졌다.

민규가 진심으로 미안해하며

사과하는 모습에 마음이 풀어져 괜찮다고 했다.

관용
다른 사람의 실수나 잘못을 너그럽게 이해해 주는 마음

친구들이랑 놀이터에서 뛰어놀다가 친구의 잘못으로 내가 넘어졌어. 넘어질 때 팔꿈치에 상처가 나서 아팠지만 실수로 그런 거니까 이해할 수 있어.

수민이가 짝꿍의 연필이 예쁘다며 허락도 없이 사용하는 모습을 봤어. 수민이를 다그치는 대신에 부드럽게 이야기했어. "수민아, 나도 같은 연필이 있으니 빌려 줄게. 대신 짝꿍의 연필은 제자리에 두는 게 좋을 것 같아."

은주가 가지고 놀던 지우개가 휙 하고 날아와 내 머리에 맞았어. 맞은 곳이 아팠지만 마음을 가라앉히고 말했어. "은주야, 다음에는 좀 더 조심해 주면 좋겠어."

인성 씨앗 심기

누구나 잘못을 할 때가 있어요. 하지만 그럴 때마다 잘못을 나무라는 것은 좋은 방법이 아니에요. 상대가 진심으로 잘못을 뉘우치면, 나도 너그럽게 용서할 줄 알아야 해요.

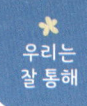

20 년　월　일　　날씨

오늘은 내가 실뜨기 선생님

같이 하니까
더 재미있어!

실뜨기를 하고 있는데 지원이가 다가와

"재미있겠다. 나도 알려 줄래?"라고 했다.

곧장 방법을 알려 주었더니 지원이가 환하게 웃었다.

친구의 웃는 얼굴을 보니 나도 웃음이 났다.

소통
서로의 생각이나 마음을 막히지 않고 잘 주고받는 것

내가 잃어버린 지우개와 똑같이 생긴 지우개가 민석이의 필통에 들어 있었어. 민석이를 의심하지 않고 직접 물어보았더니 엄마가 사 주신 것이라고 했어.

하은이가 뭔가 할 말이 있어 보여서 먼저 말을 걸었어. 그러자 이번 주말에 하는 자기 생일 파티에 와 줄 수 있냐고 물었어. 나는 기쁜 마음으로 꼭 가겠다고 대답했어.

오늘 현수의 표정이 좋지 않았어. 혹시 나에게 화가 난 건가 싶어서 걱정이 되었어. 현수에게 무슨 일인지 물었더니, 사실 배가 아파서 컨디션이 좋지 않은 거였어.

인성 씨앗 심기

다른 사람과 이야기할 때 대답을 잘하는 것도 좋은 소통 방법이랍니다. 친구들의 이야기를 잘 듣고 열심히 대답해 볼까요?

20 년   월   일   날씨

마음껏 슬퍼해도 괜찮아

수민이가 기르던 강아지가 하늘나라로 떠났다고 했다.

눈물을 흘리는 수민이를 보니 나도 슬펐다.

조용히 다가가 수민이의 어깨를 살며시 토닥여 주었다.

그 마음을 조금이나마 위로해 주고 싶었다.

위로
슬프거나 힘든 마음을 달래 주는 따뜻한 말이나 행동

축구를 하는데 친구가 실수로 공을 엉뚱한 방향으로 찼어.
속상해하는 친구에게 말해 주었어.
"괜찮아! 다음에는 더 잘할 수 있을 거야!"

친구가 댄스 오디션에서 실수하고 속상해했어.
"너무 멋졌어, 다음에는 더 잘할 거야!"라고 위로해 주었어.
친구는 내 말을 듣고 조금씩 웃으며 다시 힘을 냈어.

아끼는 연필을 잃어버려 마음이 울적한 친구에게
손을 내밀며 말했어.
"다른 곳에 있을지도 몰라. 같이 한번 찾아보자."

인성 씨앗 심기

친구가 슬퍼할 때 따스한 표정과 말로 위로하면 슬픔이 금세 물러갈 거예요. 친구의 실수를 탓하기보다는 "괜찮아."라고 말해 보는 게 어떨까요?

20 년   월   일   날씨

눈 내리는 날

눈이 내려 무척 신이 났다. 그런데 시우는 하얀 눈이 소복이 쌓인 창밖을 보며 "난 눈 내리는 날이 싫어."라고 말했다. 모두가 눈을 좋아하는 건 아니라는 것을 깨달았다.

존중
다른 사람을 소중하고 귀하게 여기는 마음

"하고 싶은 놀이를 한 가지씩 말해 봐. 한 번씩 돌아가며 다 해 보자!" 하고 싶은 놀이가 모두 달라도 서로 배려하면 즐겁게 놀 수 있어.

"우와, 노을이 지는 모습을 정말 멋지게 표현했다!" 빨간색과 주황색으로 하늘을 색칠한 친구의 작품을 보니 붉게 타오르는 노을이 떠올라서 정말 멋졌어.

내가 언니와 놀고 싶은 것처럼 언니도 친구들과 놀고 싶을 때가 있을 거야. 언니가 돌아오면 나랑만 놀아야 한다고 떼쓴 걸 사과해야겠어.

인성 씨앗 심기

내가 친구를 존중하면 친구도 나를 존중해 줘요. 나와 다른 생각을 가진 친구를 넓은 마음으로 이해하는 것이 존중의 첫걸음이랍니다!

20 년   월   일   날씨

전학생과 친해지기 대작전

우리 반에 전학 온 미나라는 친구는 늘 말이 없다.
오늘 내가 미나에게 먼저 말을 걸었다.
"미나야, 너 하츄핑 좋아해? 우리 같이 그려 볼래?"
우리는 같이 그림을 그리며 금세 친해졌다.

친절
상대방을 따뜻하고 부드럽게 대해 주는 마음 혹은 태도

"시율아, 너 아침 안 먹었다며. 먼저 먹어."
점심 시간에 나보다 더 배가 고픈 친구에게
순서를 양보했어.

과일이 가득 담긴 바구니를 들고 계단을 오르시려는
할머니를 도와드렸어. 나는 당연한 일을 했을 뿐인데
할머니께서 고맙다며 귤을 나누어 주셨어.

수업 시간에 민재의 연필이 갑자기 뚝 부러졌어.
"민재야, 나 연필 많아. 내 연필을 빌려 줄게."

인성 씨앗 심기

우리 주변에는 많은 이웃이 있어요. 이웃집 아주머니, 같은 반 친구, 경비원 아저씨와 같은 이웃에게 친절을 베풀어 보세요. 친절은 우리 모두를 기분 좋게 만든답니다.

청소하는 날

1학년 위준호

일요일은
청소하는 날
나는 장난감 방
정리를 한다.

하기 싫고 불편해도
해야 돼.
왜?
내 방이니까.

20 년 월 일   날씨

킥보드 고수가 될 거야

나는 이상하게 바퀴 달린 탈것이 무섭다.
하지만 오늘부터 킥보드를 연습해서
이 무서움을 꼭 이겨내고 싶다.
킥보드를 잘 타게 되면, 다음에는 자전거도 도전할 거다!

결의
어떤 일을 하겠다고 굳게 마음먹는 일

앞으로 일주일에 두 번은 일기를 쓰겠다고 다짐했어.
졸려서 눈이 슬슬 감기지만, 나 자신과 약속한 일이니 꼭 지킬 거야.

이번 겨울 방학에 한자 급수 시험을 치를 거야.
공부할 게 너무 많아서 힘들지만 포기하지 않을래.
끝까지 노력해서 나도 한자 왕이 될 거야!

앞으로는 무엇이든 솔직하게 이야기하기로
환희와 약속했어. 이건 우리의 우정을 건 약속이니까
반드시 지켜야 해.

인성 씨앗 심기

마음을 단단히 정하면 어렵고 힘든 일도 해낼 수 있어요. 멀게만 느껴지는 꿈도 이룰 수 있게 되지요. 작은 일부터 다짐하고 지키는 연습을 해 봐요.

20 년　월　일　　날씨

상쾌한 교실을 위해 내가 먼저!

우리 학교는 교실에서 급식을 먹는다.
급식을 다 먹고 나면 나는 누구보다 앞장서 교실을 정리하고,
창문을 열어 환기한다. 상쾌한 공기를 마시면
다음 시간에 집중이 더 잘 되겠지?

솔선
남보다 먼저 앞장서서 행동하는 태도

교실 바닥에 떨어진 휴지 조각을 주워서 쓰레기통에 버렸어. 내가 떨어뜨린 것이 아니어도 먼저 나서서 주우면 교실도 깨끗해지고 친구들도 기분 좋은 하루를 보낼 수 있을 거야!

오늘 급식 시간에 친구들이 서로 밀치며 줄을 서지 않았어. 나는 조용히 줄 끝에 서서 차례를 기다렸어. 그러자 뒤에 있던 친구들도 따라서 줄을 잘 서기 시작했어.

부모님께서 저녁 식사를 준비하실 때 식탁에 수저를 놓고 접시를 날랐어. 스스로 행동하는 내 모습에 부모님이 무척 대견해 하셨어.

인성 씨앗 심기

'내가 먼저 할게!'라는 마음으로 앞장서서 행동하면 다른 사람들도 자연스럽게 따라 하게 돼요. 그리고 다른 사람들이 나와 함께 있는 것을 든든하다고 생각할 거예요. 언제나 솔선하는 모습을 보여 주세요.

약속은 꼭 지켜

20 년 월 일   날씨

믿음직한 친구 되는 법

연필을 빌려줘서 고마워!

깜빡 잊고 연필을 가져오지 않아서 친구에게 빌렸다.
깨끗하게 쓰고 집에 갈 때 잊지 않고 돌려주었다.
빌린 물건은 잘 돌려주어야 믿음직한 친구가 될 수 있다고
엄마께서 말씀하셨다.

신용
약속을 잘 지키고 책임감 있게 행동하여 믿을 수 있는 마음

"아저씨, 거스름돈을 더 주셨어요."
문구점 사장님께서 거스름돈을 더 많이 주셨을 때 솔직하게 이야기했어.

학원에 가지 않는 대신 스스로 공부하기로 부모님과 굳게 약속했어.
반드시 약속을 지켜서 믿음직스러운 아들이 될 거야.

동생과 번갈아 가며 게임을 하기로 했으니,
이번 판이 끝나면 약속대로 동생에게 차례를 넘겨야지.

인성 씨앗 심기

내가 약속을 잘 지키면 다른 사람들이 나를 믿음직한 사람이라고 생각할 거예요. 신용은 말로만 하는 것이 아니라 행동으로 보여 줘야 해요. 부모님과 했던 작은 약속 한 가지부터 잊지 말고 실천해 보세요.

20 년　월　일　　날씨

복도에서는 사뿐사뿐

오늘 학급 회의 시간에 이번 주 생활 목표를 정했다.
우리는 '복도에서 뛰지 않기'를 뽑았다.
며칠 전, 복도에서 뛰다가 쿵 하고 넘어진 적이 있다.
이제는 사뿐사뿐 걸으며 모두가 정한 규칙을 꼭 지켜야겠다.

준수
정해진 규칙이나 약속을 잘 지키는 태도

'나 하나쯤이야' 하는 생각으로 과자 봉지를 길거리에 함부로 버리지 않아. 내가 쓰레기를 버리면 다른 사람들이 깨끗한 거리를 이용할 수 없잖아.

다른 친구들에게 방해되지 않도록 도서관에서는 작은 목소리로 소곤소곤 대화해. 그리고 대여한 책은 기한을 넘기지 않고 반납할 거야.

수업에 늦을까 봐 조마조마하지만 횡단보도를 건널 때는 신호를 꼭 지켜. 안전하게 생활하기 위해서는 규칙을 잘 지켜야 해.

인성 씨앗 심기

모두가 규칙을 잘 지키면 안전하고 질서 있게 생활할 수 있어요. 학교, 가정, 사회가 더 행복한 곳이 되지요. 행복한 세상을 만드는 첫 걸음, 우리 함께 실천해요.

20 년   월   일   날씨

배가 고파도 차례차례

급식 시간이 되자 너무 배가 고팠다.
내 마음은 '빨리! 빨리!'를 외쳤지만, 얌전히 줄을 섰다.
친구를 밀지 않고 천천히 걸었더니 기분이 뿌듯했다.
역시 진짜 급식 왕은 질서 왕이야!

질서
모두가 정해진 대로 움직이는 순서나 차례

놀이터에서 그네를 탈 때는 먼저 온 순서대로
줄을 서서 타. 빨리 타고 싶다고 새치기를 하면 안 돼.

부모님과 함께 한강 축제에 다녀왔어.
쓰레기와 먹다 남은 음식은 다시 집으로 가져왔어.
여러 사람이 함께 사용하는 곳이니까 깨끗하게 사용할 거야.

버스에서 내릴 때는 앞 사람이 먼저 내린 뒤,
내 차례가 되면 내려. 뒤에 있는 내가 앞질러서 내리면
다른 사람들이 넘어질 수도 있어.

인성 씨앗 심기

질서를 잘 지키지 않아 어지럽고 당황스러웠던 경험이 있나요? 다 같이 모여 생활하는 곳에서 편하고 안전하기 위해서는 질서를 잘 지켜야 해요. 안전하고 즐거운 학교생활을 위해 지켜야 할 질서에는 어떤 것들이 있는지 생각해 보고 실천해요.

내 일은 내가 해

20　년　　월　　일　　　날씨

준비물은 내 손으로!

선생님께서 내일 준비물로
크레파스를 가지고 오라고 하셨다.
나는 알림장을 보고 크레파스를 가방에 넣었다.
내 준비물이니까 내가 꼼꼼히 챙겨야지!

책임
자신이 맡은 일이나 역할을 끝까지 해내려는 마음

우리 집 강아지 밥 주는 일은 내가 맡았어.
가끔 놀다가 깜빡할 뻔은 해도 잊지 않고 꼭 챙겨줘.
내가 책임지고 돌봐야 하니까 말이야!

"내가 맡은 일을 남에게 떠넘길 수는 없어."
친구들과 함께 모둠 활동을 할 때, 내가 맡은 역할을 해내기
위해 최선을 다했어.

우리 반 문단속은 내가 담당하기로 했어.
그래서 마지막까지 교실에 남아서 문을 꼭 닫고 나와.
내가 맡은 일은 끝까지 해야 하니까!

인성 씨앗 심기

맡은 일을 끝까지 해내면 마음이 편하고 뿌듯함을 느껴요. 그리고 무엇이든 할 수 있다는 자신감도 생기지요. 먼저 내일 학교에 가져갈 책가방을 챙기는 일부터 스스로 해 볼까요?

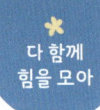
다 함께 힘을 모아

20 년　월　일　　날씨

우리가 함께 그린 그림

오늘 미술 시간에 모둠 친구들과 큰 그림을 그렸다.
각자 조각을 맡아 색칠했는데
모두 모으니까 하나의 그림이 되었다.
함께 힘을 모으니 멋진 그림이 완성되어 뿌듯했다.

협동
여러 사람이 힘을 모아 함께하는 행동

피구 경기에서 우리 팀이 이겼어.
친구들과 작전을 세워 공을 주고받은 게 도움이 된 것 같아.

동생과 힘을 합쳐 멋진 레고 성을 만들었어.
혼자 만들면 오래 걸렸을 텐데 동생과 함께 하니 빨리 완성했어.

'영차영차'
친구들과 함께 무거운 책상을 옮겼어.
여럿이 힘을 합치니 조금도 어렵지 않았어.

인성 씨앗 심기

'백지장도 맞들면 낫다'라는 속담이 있어요. 협동하면 친구들과 사이도 더 돈독해지고 어려운 일도 쉽게 해낼 수 있답니다. 혼자서 하기 어려운 일이 생기면 다른 사람과 힘을 모아 보세요.

내일은 더욱 예의 바른 어린이가 될 거야

3학년 이윤슬

오늘 착한 일 해서
엄마한테 칭찬받았어

엘리베이터에서 3층 할아버지한테 인사하고
놀이터에서 친구한테 먼저 인사했거든
또 학교에서 교장선생님에게도 인사했어
나 잘했지?

아빠가 그러는데
인사를 먼저 하면
들은 사람이 기분이 정말 좋대

오늘은 3명한테 인사했지만
내일은 4명한테 인사할 거야!

5
언제나 예의 바른 나

감사함을 전해

20 년 월 일 날씨

스승의 은혜

스승의 날을 맞아 반 친구들과 함께 선생님께 드릴
카네이션을 준비했다. 선생님께서 기뻐하시는 모습을 보니
보람이 느껴졌다. 앞으로도 선생님께 감사한 마음을
잊지 말아야겠다고 생각했다.

감사
고마운 마음을 표현하는 말이나 행동

교실에 도착하자 선생님께서 환한 웃음으로
반가이 나를 맞아 주셨어.
"선생님, 웃으며 반겨 주셔서 감사해요."

잘 이해되지 않는 어려운 내용을 몇 번이나 여쭈었는데도
항상 정성스럽게 설명해 주시는 선생님께 언제나
감사한 마음이 들어.

도서관에서 무슨 책을 읽을지 고민하고 있는데
사서 선생님께서 재미있는 동화책을 추천해 주셨어.
"선생님, 저도 이 책 읽어 보고 싶었어요. 감사합니다!"

인성 씨앗 심기

우리는 학교와 학원에서 많은 선생님을 만나요. 나에게 도움을 주시는 선생님께 감사한 마음을 전하면 예의 바른 어린이가 될 수 있지요. 오늘 만나는 선생님께 "감사합니다."라고 인사를 건네 볼까요?

20 년 월 일   날씨

예쁘게 부탁하기

식당에서 밥을 먹다가 포크가 쨍! 하고 바닥에 떨어졌다.
깜짝 놀랐지만 직원분께 공손히 말했다.
"죄송하지만, 포크 하나만 더 주실 수 있을까요?"
직원분이 웃으며 가져다주셔서 나도 기분이 좋아졌다.

공손
말과 행동이 정중하고 예의를 갖춘 태도

민정이 어머니께서 내 그림을 보고 칭찬해 주셨어.
부끄러웠지만 "칭찬 감사합니다."라고 말하며
배꼽 인사를 했어.

"사장님, 이 지우개는 얼마예요?"
문구점에 갔는데 사고 싶은 지우개의 가격이 적혀 있지
않아서 사장님께 공손히 여쭤 봤어.

"선생님, 이 문제를 잘 모르겠어요. 도와주세요."
수학 시간에 문제를 풀다가 어려운 부분이 생겨서
손을 들고 선생님께 도움을 요청했어.

인성 씨앗 심기

어른은 우리가 살아가는 데 필요한 지혜를 많이 가지고 있어요. 오랜 시간 동안 많은 것을 경험하고 배웠기 때문이지요. 우리는 이렇게 지혜로운 어른을 공경해요. 공손한 태도로 말하고 행동하는 것이 공경의 시작이랍니다.

인사를 잘해

20 년　월　일　　　날씨

민수의 생일 파티

민수의 생일 파티에 초대를 받았다.
민수의 집으로 갔더니 부모님께서 문을 열어 주셨다.
나는 감사 인사를 드리고 내 소개를 했다.
"초대해 주셔서 감사합니다. 저는 민수 친구 효주예요."

예의
상대방을 존중하는 마음을 말이나 행동으로 바르게 나타내는 태도

"기사님, 고맙습니다. 안녕히 가세요!"
나는 버스에서 내릴 때 큰 목소리로 인사해.
이렇게 인사하면 모두가 기분이 좋아져.

심부름으로 슈퍼마켓에 갔는데 주인 아저씨께서 기특하다며
캐러멜을 주셨어. 나는 잊지 않고 감사 인사를 했어.
"고맙습니다. 잘 먹을게요."

항상 안전하게 택배를 가져다 주시는 택배 기사님께
음료수를 드리며 감사한 마음을 표현했어.

인성 씨앗 심기

예의를 표현하는 가장 쉬운 방법은 인사를 잘하는 것이랍니다. 인사를 잘하면 받는 사람도 기분이 좋아지고 인사를 건네는 내 기분도 좋아져요. 오늘 마주치는 선생님과 친구들에게 반갑게 인사해 볼까요?

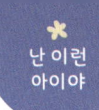

20 년   월   일   날씨

나도 이제 다 컸대!

학교에 다녀오면 양말을 빨래 바구니에 넣으라는
엄마의 말씀을 잊지 않고 그렇게 했다.
달라진 모습을 보여 드렸더니 엄마께서
"우리 예준이, 다 컸구나."라며 칭찬해 주셨다.

인정
어떤 사실이나 생각을 맞다고 받아들이는 마음

친구와 놀다가 5시까지 집에 들어가기로 엄마와 약속했어.
약속 시간이 되어 집에 가자 엄마께서 웃으며 말씀하셨어.
"우리 예솔이는 약속을 잘 지키는 멋진 아이구나!"

처음에는 내가 맞다고 생각해서 친구 말이 틀렸다고 했어.
하지만 다시 생각해 보니 친구 말이 더 맞는 것 같았어.
그래서 친구에게 "네 말이 맞아." 하고 솔직하게 인정했어!

충치가 생겨서 치과에 다녀왔어. 요즘 사탕을 너무 많이 먹는 것
같다는 엄마의 말씀에 지난 며칠을 돌아보니 정말 그런 것 같아.
앞으로는 사탕을 조금만 먹고 양치도 열심히 해야겠어!

인성 씨앗 심기

부모님과 한 약속을 잘 기억하고 실천하면 몸과 마음이 건강해져요. 또, 부모님께 인정을 받을 수도 있지요. 부모님과 약속한 일을 한 가지 떠올려 보고 실천해 볼까요?

20 년　월　일　　날씨

존경하는 우리 부모님

수업 시간에 '존경하는 사람'을 주제로 글쓰기를 했다.

그래서 빈칸에 '부모님'이라고 적었다.

나는 엄마, 아빠를 세상에서 제일 존경한다.

이다음에 부모님 같은 멋진 어른이 되고 싶다.

존경
다른 사람을 높이 여기는 마음

우리 엄마는 어려움에 처한 사람들을 돕는 고운 마음씨를 가졌어. 나는 멋진 우리 엄마가 참 좋아!

"나도 커서 아빠 같은 어른이 되고 싶어요!"
어려운 수학 문제도, 복잡한 블록 조립도 뚝딱뚝딱 해결하시는 똑똑한 아빠를 닮고 싶어.

집에 물이 샜을 때, 나는 놀랐지만 부모님은 차분하셨어. 엄마는 묵묵히 바닥을 닦고, 아빠는 찬바람 속에서 원인을 찾으셨어. 나도 부모님처럼 침착한 어른이 되고 싶어.

인성 씨앗 심기

부모님이 우리에게 가르쳐 주신 것들을 잊지 않고 잘 간직하는 것도 부모님을 존경하는 방법 중 하나예요. 오늘은 부모님이 가르쳐 주신 것들 중 한 가지를 마음속에서 꺼내어 실천해 보세요.

깨끗한 게 좋아

20　년　월　일　　　날씨

운동 후에는 산뜻하게!

아무리 급해도 씻고 놀러 가자!

토요일 아침에 축구 교실에 다녀왔는데
준우가 집으로 놀러오지 않겠냐고 물었다.
나는 땀을 많이 흘려서 씻고 가겠다고 했다.
샤워를 하고 옷을 갈아입은 뒤 준우네 집으로 갔다.

청결
몸이나 주변을 깨끗하게 유지하는 상태

학교에 가면 가장 먼저 손부터 깨끗이 씻어.
손이 깨끗하면 나도 친구들도 기분이 좋아져.

할머니 댁에 가기 전에 깨끗이 씻고 새 옷을 꺼내 입었어.
단정한 모습으로 가면 할머니께서 좋아하실 거야.

이모와 사촌 동생이 우리 집에 놀러 오기로 했어.
대청소를 하시는 부모님을 도와 내 방과 거실을 정리했어.
이모와 사촌 동생에게 깔끔한 모습을 보여 주고 싶어.

인성 씨앗 심기

내 몸을 잘 씻고 주변을 정리정돈하는 것은 바른 마음을 행동으로 표현하는 방법이에요. 먼저 지금 공부하고 있는 책상부터 깨끗하게 정리해 볼까요?

20 년   월   일   날씨

카네이션에 사랑을 담아

오늘은 엄마, 아빠의 날이다.
나를 낳아 주시고 길러 주신 부모님께 직접 만든
종이 카네이션을 달아 드렸다.
"항상 고마워요, 사랑해요."라는 말과 함께.

효도
부모님을 정성껏 모시고 잘 챙기는 마음

"엄마, 오늘 힘드셨죠? 제가 어깨 주물러 드릴게요!"
저녁에 일을 마치고 돌아오신 엄마의 어깨를 콩콩 두드려 드렸어.

오늘은 사랑하는 아빠의 생신이야.
아침 식사 시간에 노래를 불러 드리고, 저녁 식사 시간에 손수 만든 효도 쿠폰을 선물로 드렸어.

친구들과 놀러 나갈 때는 항상 부모님께 말씀드리고 허락을 받아. 엄마, 아빠의 보물 1호인 내가 말도 없이 사라지면 많이 걱정하실 거야.

인성 씨앗 심기
효도는 어려운 것이 아니에요. 나를 낳고 길러준 부모님을 온 마음으로 사랑하는 것이 바로 효도랍니다. 사랑하는 마음을 가득 담아서 부모님께 힘을 드리는 한 마디를 건네볼까요?

1,000원

3학년 위민호

나에게 1,000원이 있다.

어디에 쓰지?

편의점? 문구점?

그냥 저금해야겠다.

6
스스로 조절하는 나

20 년   월   일   날씨

우리 모두 최고야!

축구 경기에서 우리 팀이 이겼다.

나는 뛸 듯이 기뻤다.

하지만 먼저 상대 팀에게 이렇게 말했다.

"너희 팀도 정말 잘했어! 좋은 경기를 해 줘서 고마워!"

겸손
다른 사람을 존중하고 자기를 내세우지 않는 태도

학교에서 열린 그림 그리기 대회에서 상을 받았어.
내 그림을 칭찬해 주는 친구들에게 말했어.
"고마워. 네 그림도 반짝반짝 멋졌어!"

책을 읽다가 모르는 단어가 나오면 선생님께 여쭈어봐.
모르는 건 부끄러운 일이 아니야.
항상 배우는 자세로 책을 읽어야지.

전부터 갖고 싶었던 새 가방을 샀어.
그래도 친구들에게 "내 가방 멋지지?"라고 뽐내지 않았어.
내 말에 마음 상하는 친구가 있을 수도 있잖아.

인성 씨앗 심기

나를 뽐내는 대신 다른 친구를 살피고 배려하면 다툼이 줄어들고 우정이 돈독해져요.
그러면 주변 사람들이 나를 더욱 믿고 따를 거예요.

20   년   월   일   날씨

차례를 지켜 말해야지

 친구가 놀이공원에 다녀온 이야기를 했다.
나도 다녀온 적이 있다고 말하고 싶었지만,
친구의 이야기가 끝날 때까지 기다렸다.
이야기를 중간에 끊으면 친구가 속상할 것 같았기 때문이다.

배려
다른 사람을 생각하며 도와주려는 마음

사람이 많은 지하철에서 임산부 아주머니께 자리를 양보해 드렸어. 뱃속에 아기가 있으니 엄청 힘드실 것 같아. 난 튼튼한 다리가 있으니 조금 서서 가도 괜찮아.

수학 시간에 아직 문제를 다 풀지 못한 친구를 위해 떠들지 않고 조용히 기다렸어.
내가 떠들면 친구에게 방해될지도 몰라.

친구가 발표를 하다가 말실수를 했을 때 웃거나 놀리지 않고 응원하는 마음을 담아 박수를 쳤어.
"누구나 실수할 수 있어. 괜찮아!"

인성 씨앗 심기

말이나 행동을 통해 다른 사람에게 행복을 주는 것을 '행복 바이러스'라고 해요. 배려하는 마음을 담아 행동하면 행복 바이러스가 널리 퍼져나가지요. 내 주변 사람들에게 내가 가지고 있는 행복 바이러스를 전달해 볼까요?

20　년　월　일　　날씨

크리스마스트리 꾸미기는 즐거워

오빠와 함께 크리스마스트리를 장식했다.
'이 자리에는 어떤 장식이 어울릴까?' 곰곰이 생각하며
 장식을 골랐다. 충분히 고민하고 꾸몄더니
마음에 쏙 드는 크리스마스트리가 완성됐다.

신중
말이나 행동을 하기 전에 잘 생각하는 태도

받아쓰기 시험을 볼 때 빠뜨린 문제는 없는지,
답을 잘못 적지는 않았는지 다시 확인했어.
알고 있는데 틀리면 너무 아쉽잖아. 꼼꼼히 봐야지.

인터넷에서 본 글을 친구에게 이야기하기 전에 글 내용이
전부 사실인지 확인해 봤어.
확실하지 않은 정보를 함부로 퍼뜨릴 수는 없으니까!

문구점에 갔다가 내가 좋아하는 캐릭터 공책을 발견했어.
무심코 집어들었다가 잠시 멈추고 나에게 이 공책이
꼭 필요한지 생각해 봤어.

인성 씨앗 심기

깊이 생각해서 결정하면 실수를 줄이고 더 좋은 선택을 할 수 있어요. 그러면 나중에 후회할 일도 줄어들지요. 어떤 일이나 결정을 할 때 신중하게 생각하는 습관을 들여요.

20 년   월   일   날씨 ☀️ ⛅ ☁️ ❄️

누구나 실수할 수 있어

친구가 장난을 치다가 나에게 물을 쏟았다.
옷이 젖어서 화가 났지만,
화내지 않고 '후!' 심호흡을 한 뒤 말했다.
"난 괜찮아. 너도 많이 놀랐지?"

조절
너무 많거나 적지 않도록 알맞게 맞추는 행동

 친구들과 축구를 하다가 너무 힘들어지면 잠시 앉아서 쉬곤 해. 몸이 힘들어지면 자꾸 짜증이 나서 나도 모르게 친구들에게 상처를 줄 수 있거든.

아무리 배가 고파도 밥을 급하게 먹지 않고 천천히 꼭꼭 씹어 먹어. 급하게 먹다가 체하면 온종일 속이 답답할 거야.

 온종일 게임을 하고 싶지만 그러면 눈도 나빠지고 다른 재미있는 것들을 하지 못하게 될 거야. 오늘은 그만해야지!

인성 씨앗 심기

내 감정과 행동을 잘 다루면 친구들과도 사이좋게 지낼 수 있어요. 처음에는 어렵겠지만 차분히 생각하며 감정과 행동을 조절하려고 노력해 봐요. '왜 그런 행동을 하려고 했지?', '왜 이런 마음이 드는 걸까?' 하고 스스로 질문해 보면 도움이 될 거예요.

넘치지도 않아

20 년   월   일   날씨

양 조절은 어려워

물고기에게 먹이를 너무 조금 주면
물고기가 배고프고, 너무 많이 주면 물이 금세 더러워진다.
물고기가 건강하게 살 수 있도록
먹이를 적당히 주는 연습을 해야겠다.

중용
너무 지나치지도 모자라지도 않게 알맞게 행동하는 태도

예솔이가 실수로 내 그림을 망가뜨려서 나도 모르게 버럭 화를 냈어. 집에 와서 내가 너무 심하게 말한 것은 아닌지 생각해 봤어.

그림을 그릴 때 다양한 색깔로 스케치북을 가득 채우는 것도 좋지만, 때로는 공간을 남겨 두고 꼭 필요한 색만 사용하는 방법도 좋은 것 같아.

케이크를 만들 때 초콜릿을 듬뿍 올리고 싶었지만 참았어. 초콜릿이 아무리 맛있어도 너무 많이 올리면, 케이크가 초콜릿 범벅이 되어 망가지고 말 거야.

인성 씨앗 심기
'과유불급'이라는 말을 들어본 적 있나요? 지나친 것은 모자란 것과 같다는 뜻이에요. 무엇이든 너무 많거나 너무 적은 것은 좋지 않아요. 평소 내 행동을 돌아보고, 어떤 것을 늘리고 어떤 것을 줄여야 할지 생각해 보세요.

20　년　　월　　일   날씨

내 마음에 거는 마법 주문

발표할 때마다 자꾸 말이 빨라진다.
오늘은 마음을 가다듬고 천천히 큰 소리로 발표해 보았다.
'차분히 이야기하면 괜찮아. 나는 할 수 있어.'라고
속으로 주문을 걸었다.

침착

어떤 상황에서도 놀라지 않고 차분하게 행동하는 태도

놀이공원에서 부모님을 놓쳤을 때 겁이 났지만 울지 않고 주변 어른께 도움을 요청했어. 용기 내어 부탁했더니 부모님을 찾도록 도와주셨어.

수학 문제집에 복잡하고 어려운 문제가 나왔을 때, 눈앞이 빙글빙글 돌았어. 하지만 차분하게 문제를 다시 읽어 보니 내가 이미 알고 있는 내용이더라고!

풀숲에서 갑자기 토끼가 튀어나왔어. 깜짝 놀랐지만 내가 큰소리를 내면 토끼가 놀라 달아날까 봐 꾹 참았어.

인성 씨앗 심기

서두르지 않고 침착하게 행동하면 더 좋은 결정을 할 수 있어요. 오늘부터 어지러운 마음을 차곡차곡 정돈하는 연습을 해 볼까요?

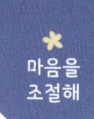
마음을 조절해

20 년　월　일　　날씨

아이스크림은 맛있어

아이스크림을 한 입 먹었더니, 입에서 사르륵 녹았다!
더 먹고 싶어서 냉동실을 바라봤지만,
배가 깜짝 놀랄까 봐 딱 하나만 먹었다.
내일도 또 만나자, 내 사랑 아이스크림!

통제
정해진 기준에 따라 행동을 멈추거나 조절하는 행동

언니랑 신나게 놀다가도 잘 시간이 되면 양치를 하러 가. 나는 부모님과 한 약속을 잘 지키는 딸이야.

수업 시간에 친구와 이야기하고 싶은 마음이 들었지만 쉬는 시간이 될 때까지 기다렸어. 수업 시간에 딴짓을 하지 않는 것은 선생님과의 약속이니까.

장난감 코너에 가서 새로운 장난감을 구경하고 싶어. 하지만 엄마가 여기서 잠깐 기다리라고 했으니 꾹 참았다가 엄마가 돌아오시면 함께 구경할 거야.

인성 씨앗 심기

하고 싶은 일이나 표현하고 싶은 감정이 많을 거예요. 하지만 그것을 아무 때나 꺼내어 보이면, 일이 엉망이 되거나 서로 기분이 상할 수 있어요. 모두가 안전하고 즐겁게 생활할 수 있도록 스스로 조금씩 통제하는 연습을 해 봐요.

양심 아파트

3학년 박선우

양심 아파트에는
여러 가지의 마음들이 살고 있어.
양심은 착한 마음이라는 뜻이야.

1층에는 양보하는 마음이 살고 있고
2층에는 존중하는 마음이 살고 있고
3층에는 예의 바른 마음이 살고 있어.
그리고
4층에는 정직한 마음이 살고 있고
5층에는 안 놀리는 마음이 살고 있어.

내 마음에 양심 아파트가 살고 있어.

모두 모두 양심 아파트를 사랑하고
모두 모두 양심 아파트에서 살자.

7
늘 맑고 깨끗한 나

20 년   월   일   날씨

앗, 오빠의 보물 1호를!

오빠가 아끼는 로봇을 몰래 갖고 놀다가 팔을 우두둑 부러뜨렸다. 다음부터는 절대 오빠의 물건을 함부로 만지지 않겠다고 다짐했다. 그리고 오빠한테 사과했다.

반성
자신의 말이나 행동을 돌아보며 잘못을 생각해 보는 마음

축구를 하다가 상대편의 공을 손으로 빼앗았어.
이기고 싶은 마음에 나도 모르게 반칙을 했어.
다음부터는 규칙을 지키면서 정정당당한 경기를 할 거야.

복도에서 뛰어서 선생님께 야단을 맞았어.
선생님께 혼나서 속상하지만 내가 잘못한 일인 걸.
앞으로는 복도에서 뛰지 말아야지.

친구와 시간 가는 줄 모르고 놀다가 방과 후 수업에
가지 못했어. 다음부터는 시간을 잘 확인해야겠어.
수업 시간은 선생님과의 약속이니까!

인성 씨앗 심기

반성을 하면 잘못한 일을 다시 한번 생각해 볼 수 있어요. 그리고 다음에는 더 좋은 말과 행동을 하도록 도와주지요. 오늘 하루를 돌아보고, 반성할 만한 일이 있었는지 생각해 볼까요?

20 년   월   일   날씨

특별한 그림을 선물해

다미와 서로 그림 선물을 해 주기로 약속했다.

동그란 다미의 얼굴과 반짝반짝한 왕관을 그려서 선물했다.

다미도 내가 좋아하는 강아지를 그려 주었다.

약속을 지키니 서로에게 믿음이 생겼다.

신뢰
상대를 굳게 믿고 마음을 맡기는 믿음

체육 시간에 눈 가리고 걷는 신뢰 게임을 했어.
나는 친구가 손을 잡고 잘 이끌어줄 거라고 믿었지.
무서웠지만 친구를 믿었더니 끝까지 잘 걸을 수 있었어!

지각하지 않기, 수업 시간에 떠들지 않기, 숙제 잘 하기.
모두가 한마음으로 약속을 지키면 서로를 믿고 즐거운
학교생활을 할 수 있을 거야!

"아무한테도 말하지 마. 이건 비밀이야."
영서가 나를 믿고 자기의 비밀을 말해 주었어.
함부로 다른 친구에게 이야기하면 상처 받을 거야.

인성 씨앗 심기

신뢰의 기본은 약속을 잘 지키는 거예요. 아무리 작은 약속이라도 소중히 여기고 잘 지키려고 노력해야 해요. 그러면 나와 친구 사이에 두터운 믿음이 켜켜이 쌓인답니다.

20 년 월 일 날씨

남의 것을 욕심내지 않아

길을 걷다가 내가 좋아하는 캐릭터 인형이
떨어져 있는 것을 발견했다.
아무도 보지 않을 때 몰래 가져가고 싶은
마음이 들었지만, 내 것이 아니라서 손대지 않았다.

양심
옳고 그름을 스스로 판단하고 바르게 행동하려는 마음

무인 아이스크림 가게에서 아이스크림을 사고 가격만큼 돈을 냈어. 누가 보지 않더라도 돈을 내고 아이스크림을 사 먹는 건 당연한 거야.

쓰레기를 버릴 때는 종류별로 알맞게 분리해서 버려야 해. 귀찮다고 해서 음료수 캔을 아무 데나 막 버릴 수는 없어.

학교에서 주운 지우개가 마음에 쏙 들었어. 잠깐 욕심이 났지만 곧 마음이 불편해졌어. 그래서 선생님께 드리며 솔직히 말했어. "이거 떨어져 있었어요."

인성 씨앗 심기

양심은 나쁜 일을 하지 않게 도와주는 슬기로운 마음이에요. 이 마음은 다른 사람이 아닌 나를 위해 지켜야 하지요. 언제 어디서나 양심에 따라 올바르게 행동해야 해요.

20 년 월 일

나를 함부로 부르지 마!

"지윤이는~ 꿀꿀~ 꿀돼지래요~!"
친구가 나를 놀려서 당당하게 말했다.
"꿀돼지라니? 난 그런 말 싫어해.
그냥 내 이름을 불러!"

용기

무섭거나 어려운 일 앞에서도 두려워하지 않고 해보려는 마음

친구가 선생님의 연필깎이를 떨어뜨렸는데 고장이 나고 말았어.
"선생님께 솔직하게 말씀드리자."

선생님이 설명해 주셨는데도 잘 이해되지 않아서 손을 번쩍 들고 질문했어. 모르는 건 부끄러운 게 아니니 우물쭈물할 필요가 없어!

민철이가 자꾸만 1학년 동생을 무시하길래 따끔하게 한마디 해 줬어.
"나이가 어리다고 무시하고 괴롭히면 안 돼!"

인성 씨앗 심기

용기 있는 행동은 경찰관이나 소방관만 하는 게 아니에요. 나와 친구를 지키기 위해서는 조금 불편해도 씩씩하고 용감하게 행동할 수 있어야 해요.

20 년　월　일　　　날씨

거짓말은 나빠

숙제를 하면서 답안지를 베낀 것을 들켜 엄마께 혼났다.
엄마는 답을 틀리는 것보다
거짓말을 하는 것이 훨씬 나쁘다고 하셨다.
다음부터 모르는 것은 솔직하게 모른다고 말해야겠다.

정직

거짓 없이 솔직하고 바르게 행동하는 태도

"나 집에 포켓몬 카드 5만 장 있다!"
나도 모르게 친구들에게 거짓말을 해 버렸어.
거짓말인 걸 들킬까 봐 조마조마해서 한숨도 못 잤지 뭐야.

친구와 보드게임을 하다가 내가 잘못 움직인 말을
다시 돌려놓았어. 친구는 괜찮다며 웃었어.
"그래도 규칙은 지켜야 하니까!"

야단맞을까 봐 무서워서 거짓말을 했더니 가슴이 답답했어.
"엄마, 실은 제가 먼저 동생을 때렸어요. 죄송해요."
솔직하게 털어놓으니 마음이 한결 편안해.

인성 씨앗 심기

양치기 소년이 재미로 계속 거짓말을 했더니 진짜 늑대가 나타났을 때 아무도 그를 믿어 주지 않았어요. 소년처럼 거짓말을 하면 부모님도 선생님도, 그리고 친구들까지도 나를 믿지 않을 거예요. 정직함을 잃어서는 안 돼요.

20 년 월 일 날씨

아프게 해서 미안해

체육 시간에 피구 경기를 하는데
내가 던진 공이 친구의 머리에 쾅 맞았다.
나는 아파하는 친구에게 곧장 달려가
진심을 다해 사과했다.

진정성
거짓 없이 진심에서 우러나오는 참된 마음

 놀이터에서 놀다가 친구가 내 발에 걸려 넘어졌을 때 솔직하게 인정하고 사과했어.
"미안해. 다음부터 조심할게."

수업 시간에 짝꿍이랑 장난을 쳤더니 선생님께서 이름을 부르셨어. 나는 고개를 숙이고 말했지.
"죄송합니다, 선생님. 이제부터는 안 그럴게요."

 친구와 다투고 화가 나서 나도 모르게 '이제 절교'라고 말해 버렸어. 친구에게 상처를 주어서 마음이 안 좋아. 진심을 담아 사과의 편지를 써야겠어.

인성 씨앗 심기

친구에게 실수했을 때 진정성 있게 사과하는 건 부끄러운 일이 아니에요. 잘못을 반성하고 진심을 다해 사과할 수 있어야 해요.

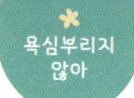

20 년　월　일　　날씨

모두 계산해 줘

 학교에서 아나바다 바자회를 했다.
400원짜리 슬라임과 500원짜리 반지를 샀는데,
친구가 400원만 달라고 했다.
나는 1,000원을 건네며 반지도 함께 계산해 달라고 말했다.

청렴
욕심 없이 바르고 깨끗하게 행동하는 성품

 줄넘기를 뛰면서 아무도 모르게 숫자를 부풀려 세고 싶었던 적이 있지만 그러지 않았어. 그건 진짜 내 실력이 아니니까. 나 자신을 속이고 싶지 않아.

반장 선거에서 이기고 싶지만, 더 많은 표를 받으려고 친구들에게 선물을 주는 부도덕한 행동은 하지 않을 거야. 나는 정정당당하게 반장이 되고 싶어!

 짝꿍이 향기 나는 지우개를 가져왔어. 신기해서 나도 가지고 싶지만, 그렇다고 남의 물건을 몰래 가져갈 수는 없어. 그건 도둑질이잖아.

인성 씨앗 심기

청렴은 다른 사람의 것을 욕심내지 않고 정직하게 행동하는 거예요. 또한, 자기 자신을 속여서도 안 된답니다. 청렴함을 지키면 소중한 사람들에게 믿음을 줄 수 있고, 스스로도 떳떳할 수 있어요.

도전하는 아이

1학년 이새별

나는 작년에 구연대회에 나갔어

그런데 대회에서 실패했어

그래서 속상했어

하지만 이번 해에는 그림그리기 대회를 나갔어

이번에는 장려상을 받았어

그래서 기분이 좋았어

다음번에는 더 잘할 거야

20 년 월 일 날씨

안전이 제일!

길을 건너려는데 신호등의 초록불이 깜빡거렸다.
'후다닥 건너갈까?' 잠깐 고민했지만,
다음 신호를 기다렸다가 건너가기로 했다.
안전이 가장 중요하니까!

분별
옳고 그름이나 다름을 잘 구별해 판단하는 능력

시아가 꽈당 넘어졌는데 그 모습을 본 친구가
배꼽을 잡고 웃었어.
"그러면 안 돼. 시아가 상처 받을 거야."

오랜만에 사촌 언니 집에 놀러 갔어.
밤늦게까지 놀고 싶었지만 그러면 아침에 피곤할 테니
일찍 잠자리에 들었어.

고등학생 형들이 스케이트보드를 타며 멋지게 묘기를 부리는
영상을 봤어. 나도 해보고 싶지만, 나처럼 어린아이가 하면
크게 다칠 수 있으니 꾹 참았어.

인성 씨앗 심기

분별 있는 행동은 실수를 줄여 줘요. 다시 한번 생각하여 잘못된 선택을 하지 않게 도와주지요. 마음이 급할 때도 서두르지 않고 분별 있게 행동하는 습관을 길러야 해요.

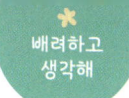

20 년   월   일   날씨

할머니, 힘드시지요?

버스에 앉아 있는데 무거운 짐을 들고 계신 할머니가 보였다.
'짐을 들고 서 계시면 얼마나 힘드실까?'
나도 앉아 있고 싶었지만 할머니께 자리를 양보했다.
활짝 웃으시는 할머니를 보니 나도 기분이 좋았다.

사려
다른 사람의 마음이나 상황을 깊이 생각하는 태도

친구와 말다툼을 했어. 내가 하고 싶은 말만 하느라 친구의 이야기를 제대로 듣지 못한 것 같아.
그때 친구는 왜 그렇게 말했을까?

엘리베이터 문이 닫히려는 순간, 다른 사람이 달려오는 걸 보고 열림 버튼을 눌렀어.
조금 기다렸다가 함께 가면 좋잖아.

친구가 아끼는 열쇠고리를 잃어버려서 슬퍼할 때 조용히 옆에 있어 주었어.
옆에 있어 주는 것만으로도 힘이 될 때가 있잖아.

인성 씨앗 심기

깊게 생각하고 행동하면 친구들의 마음을 더 잘 이해할 수 있고, 상처를 주는 일도 막을 수 있어요. 사려는 소중한 친구들을 아끼고 배려하는 방법이랍니다.

20 년 월 일   날씨

화 내서 미안해

동생이 나에게 말도 없이
내 장난감을 가지고 놀아서 화를 냈다.
나중에 가만히 생각해 보니 내가 너무 심했다는 생각이 들었다.
동생이 돌아오면 사과해야겠다.

성찰
자신의 생각이나 행동을 깊이 돌아보는 마음

엄마와 함께 치킨을 먹는데 닭 다리 두 개를 내가 다 먹어 버렸어. 엄마는 괜찮다고 하셨지만, 살짝 서운하신 것 같았어. 다음부터는 엄마와 나눠 먹는 게 좋겠어.

친구가 발표할 때 자꾸 웃었어. 그땐 재밌다고 생각했지만, 집에 와서 생각하니 친구 마음이 어땠을까 걱정됐어. 다음에는 꼭 조용히 듣기로 마음먹었어.

숙제를 미루고 미루다가 밤늦게까지 하게 되었어. 미리 했으면 편하게 잘 수 있었을 텐데. 앞으로는 미리미리 해 두어야겠다고 다짐했어.

인성 씨앗 심기

내가 한 일을 곰곰이 돌이켜 생각해 보면 잘한 점과 고칠 점을 쉽게 알 수 있어요. 실수를 알면 다음에는 더 잘할 수 있지요. 성찰을 하면 내 마음의 그릇이 아주 크고 깊어진답니다.

20 년 월 일 날씨

생일 선물 고르기

 오늘은 지안이의 생일이다.
생일 파티 초대장을 받고,
지안이가 평소에 무엇을 좋아하는지 곰곰이 생각해 보았다.
내가 고른 선물을 지안이가 마음에 들어 하면 좋겠다.

숙고
어떤 일을 결정하기 전에 곰곰이 잘 생각해 보는 태도

내일은 소풍 가는 날! 어떤 옷을 입을까?
옷을 결정하기 전에 날씨를 미리 알아봐야겠어.

급식에 내가 좋아하는 스파게티가 나왔어. 잔뜩 받고
싶지만 내가 얼마나 먹을 수 있는지 생각해서 먹을 만큼만
담을 거야. 소중한 음식을 남기면 안 되니까!

누가 우리 반의 반장이 되면 좋을까?
후보 친구들의 평소 행동과 성격을 생각해 보고
신중하게 고민해서 투표해야지.

인성 씨앗 심기

미리 생각해 보는 습관이 생기면 문제를 해결하는 데 도움이 돼요. 어려운 것도 차근차근 해결할 수 있지요. 생각을 말과 행동으로 옮기기 전에 숙고하는 습관을 길러 보세요.

꼭 참고 기다려

20 년 월 일   날씨

이제 나도 태권도 2품!

태권도 승급 심사가 코앞인데 같은 부분에서
품새를 자꾸 틀렸다. 그래도 부지런히 연습했더니
실수하지 않고 심사를 마칠 수 있었다.
노력은 배신하지 않는다더니 정말인가 보다.

인내
힘들고 괴로운 일을 참고 견디는 마음

운동회에서 박 터뜨리기를 했어. 공을 아무리 던져도 박은 꿈쩍도 하지 않았어. 힘이 쭉 빠졌지만, 친구들과 끝까지 힘을 합쳐 결국은 해냈어.

어린이날에 선물로 대형 블록을 받았어.
설명서를 살펴봐도 너무 어려워서 포기하고 싶었지만, 언니와 함께 끝까지 완성했어.

수학 문제가 잘 풀리지 않아 속상했어.
정답을 확인하고 싶었지만 선생님께 여쭤 보고 다시 한번 도전해 봤어. 그랬더니 거짓말처럼 문제가 풀리지 뭐야?

인성 씨앗 심기

하고 싶은 일이나 해야 하는 일이 너무 어려워서 견디기 힘들 때가 있어요. 하지만 내 힘으로 어려움을 극복하면 한 뼘 더 성장할 수 있답니다.

20 년 월 일 날씨 ☀️ ⛅ 🌧️ ❄️

장화를 신고 싶었지만

새로 산 장화를 빨리 신고 싶었지만
비가 오지 않아서 운동화를 신었다.
햇볕이 쨍쨍한 날 장화를 신으면
답답하고 뛰어놀기 불편할 것 같다.

지혜
어려운 일을 슬기롭게 생각하고 해결하는 능력

친구가 지난주에 빌려 간 색연필을 돌려주지 않았어.
화를 내는 대신 친구가 기억할 수 있도록 슬며시 물어봤어.
"내 색연필 빌린 것 잊지 않았지?"

놀이터에서 친구들이 그네를 먼저 타겠다며 서로 다투고 있었어.
그때 나는 "가위바위보로 순서를 정하자!" 하고 제안했지.
친구들이 모두 고개를 끄덕였고, 순서대로 그네를 타게 되었어.

과학 시간에 풍선 로켓을 만들었는데, 풍선이 자꾸 한쪽으로만
날아갔어. 빨대의 위치를 조금 옮겨 봤더니 풍선이 똑바로
날아갔어. 힘만 쓰기보다 잘 생각해 보는 게 더 도움이 돼.

인성 씨앗 심기

지혜롭게 말하면 다른 사람의 마음을 상하지 않게 할 수 있어요. 그리고 어려운 상황도 잘 헤쳐 나갈 수 있게 도와주지요. 지혜로운 말과 행동은 나를 더 멋진 사람으로 만들어 준답니다.

20 년 월 일   날씨

나누어 먹으면 더 맛있어

함께 먹으니 더 맛있는 것 같아!

할머니가 사오신 붕어빵에 슈크림 붕어빵이 딱 하나 있었다.
혼자 다 먹고 싶었지만, 동생을 보니 망설여졌다.
그래서 공평하게 슈크림 붕어빵을 반반 나누어 먹기로 했다!
둘이 나눠 먹으니 더 맛있고 기분도 좋았다.

합리
말이나 행동이 이치에 맞고 알맞은 상태

가지고 싶은 장난감이 너무 많지만 전부 살 수는 없어.
더 자주, 오래 가지고 놀 수 있는 것으로 딱 하나만 골라야지!

언니와 만화 영화를 보려는데 서로 보고 싶은 것이 달라서
고민했어. 그때 언니가 말했어.
"오늘은 네가 고른 걸 보고, 내일은 내가 고른 걸 보자!"

교실에서 보드게임을 하기로 했어. 다 같이 하고 싶지만
사람이 너무 많았어. "차례를 정해서 번갈아 하자!"
그랬더니 모두 한 번씩 게임을 할 수 있었어.

인성 씨앗 심기

합리적으로 생각하고 행동하면 무엇이 알맞은지 알 수 있어요. 그러면 나와 친구들 모두 만족할 수 있지요.

비둘기

3학년 위민호

친구와 싸웠다.
마음속의 비둘기가 콕콕 쫀다.
마음이 아프다.

친구와 화해하면
마음속 비둘기는 찌르르 찌르르
행복과 평화가 마음속을 울린다.

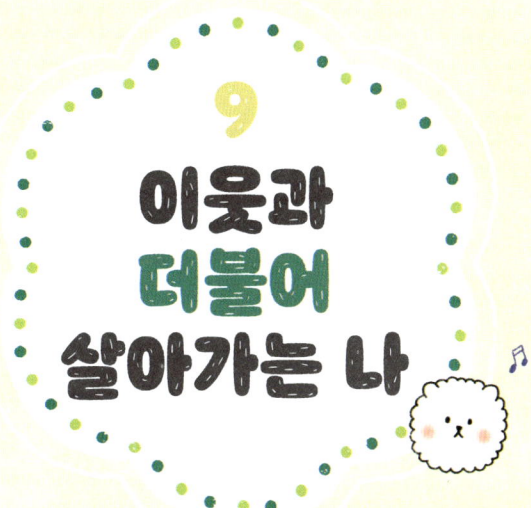

함께 나누어 갖자

20 년　월　일　　날씨

키가 쑥쑥, 사과를 똑똑

아빠와 함께 사과 농장에 갔다.
사장님께서 키가 작은 나를 위해 발 받침대를 내주셨다.
받침대에 올라섰더니 내 키가 아빠만큼 커져 있었다.
나는 손을 뻗어 사과를 똑똑 땄다.

공평
누구에게나 똑같이 대하고 치우치지 않는 태도

복도가 좁아서 휠체어를 타면 지나가기 힘들 것 같아.
내가 길을 비켜 주면 휠체어를 탄 친구들도,
그렇지 않은 친구들도 모두 편하게 다닐 수 있을 거야.

호주에서 온 리사는 아직 한국어가 서툴러. 어려운 낱말을 사용하면 이해하기 힘들 테니 쉬운 낱말로 이야기하는 게 좋겠어. 그러면 모두가 대화에 참여할 수 있을 거야.

자리를 정할 때는 키가 작거나 눈이 안 좋은 친구들이 앞에 앉는 게 좋겠어. 키가 크고 눈이 좋은 친구들은 뒷자리에서도 선생님의 글씨를 볼 수 있잖아.

인성 씨앗 심기

공평하다는 것은 상황에 따라 알맞게 나누는 것이에요. 적게 가진 사람에게는 많이 주고, 이미 많이 가진 사람에게는 조금 덜 주는 거지요. 이렇게 하면 모두가 똑같아져요. 공평한 세상을 만들기 위해 우리가 실천할 수 있는 일을 찾아보세요.

20 년 월 일　　날씨

친구들과 함께 만든 포스터

화장실을 사용하고 물을 안 내리는 친구가 있었다.
마음이 맞는 친구들과 함께
'물 내리기, 잊지 마!'라고 적은 포스터를 만들어 붙였더니
그 이후 화장실이 깨끗해졌다.

연대
여러 사람이 힘을 모아 함께 행동하고 책임지는 마음

주안이가 발표하는데 웅성웅성 시끄러운 탓에 잘 들리지 않았어. 주안이의 속상한 표정을 본 우리 모둠 친구들이 용기를 내어 외쳤어. "주안이 발표에 집중해 줘!"

산불이 크게 나서 숲이 다 타 버렸다고 해. 깨끗한 공기를 만들어 주고 야생 동물의 집이 되어 주는 숲을 지키기 위해 친구들과 함께 나무 심기 운동을 했어.

학교 앞 빵집은 계단이 높아서 휠체어가 들어가기 힘들어. 누구나 맛있는 빵을 먹을 수 있도록 경사로를 설치해 달라고 친구들과 함께 사장님께 편지를 썼어.

인성 씨앗 심기

잘못된 일이지만 혼자서는 용기를 내기 힘들 때도 있어요. 그럴 때 주변의 친구나 가족과 함께 목소리를 내는 것이 연대예요. 다 함께 살기 좋은 세상을 만드는 일에 힘을 모아 보세요.

20 년   월   일   날씨

머리가 짧으면 어때!

머리를 짧게 자르고 온 친구를 보고
몇몇 아이들이 킥킥 웃었다. 그래서 친구에게
"난 멋지다고 생각해. 머리 모양은 사람마다 다를 수 있어.
놀리는 건 좋지 않아!"라고 말했다.

정의
옳고 그름을 바르게 판단하고 올바르게 행동하려는 마음

"우리 같이 놀자!"
우리 반 친구들이 한 친구와 놀지 않으려고 해.
하지만 그 친구도 우리 반의 소중한 구성원이야.

선생님의 질문에 한 친구가 엉뚱하게 대답했어.
내가 웃으면 친구가 당황할 것 같아서 꾹 참았어.
친구에게 상처 주는 행동은 하고 싶지 않아.

축구할 때 재일이가 유찬이에게 일부러 발을 걸었어.
넘어진 유찬이를 보고도 사과하지 않는 재일이에게
그건 비겁한 행동이라고 이야기했어.

인성 씨앗 심기

우리는 모습과 생각이 모두 달라요. 나와 다르다고 해서 친구를 따돌리는 것은 옳지 않아요. 다름을 인정하고 존중하는 것도 정의를 실천하는 방법 중 하나랍니다.

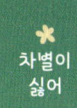
차별이 싫어

20 년 월 일   날씨

살색 말고 살구색

겉모습으로 사람을 차별하지 않아요.

예전에는 살구색을 살색이라고 불렀다는 이야기를 들었다.
하지만 피부색은 사람마다 다르니까
살색을 정하는 것보다 다양한 색으로
피부를 표현하는 게 더 멋진 것 같다.

평등
누구나 차별 없이, 똑같이 존중받고 대우받는 상태

학교에서 반장 후보를 정했어. 우리 반을 위해 봉사할 수 있는 사람이라면 성적이나 키에 상관없이 누구나 후보가 될 수 있다고 선생님께서 말씀하셨어.

얼마 전, 외국에서 전학생이 왔어. 처음에는 모습이 달라서 낯설었는데 함께 지내 보니 중요한 것은 피부색이 아니라 마음이라는 생각이 들어.

지우가 다리를 다쳐서 목발을 짚고 학교에 왔어. 체육 시간에 함께 할 수 있는 놀이가 무엇일까 고민하다가 '앉아서 하는 피구'를 하기로 했어.

인성 씨앗 심기

겉모습으로 사람을 판단하는 건 옳지 않아요. 모든 사람은 평등한 존재랍니다. 친구의 겉모습보다는 마음속 깊은 곳에 숨어 있는 진심을 잘 살펴보세요.

20 년   월   일   날씨

즐거운 종이비행기 시합

종이비행기 시합을 하다가 친구가 실수로
내 비행기를 망가뜨렸다.
미안해서 어쩔 줄 몰라 하는 친구에게
"우리 더 멋진 비행기를 만들어 보자!"라고 말했다.

평화
싸움이나 다툼 없이 서로 사이좋고 화목한 상태

언니와 다투었는데 계속 말을 안 하고 지내려니 마음이 불편해. 내가 먼저 다가가서 사과해야겠어.
"언니, 미안해. 우리 다시 사이좋게 지내자."

민우가 장난으로 연아를 세게 밀어서 연아가 넘어질 뻔했어. 연아를 붙잡아 주며 말했어.
"친구를 다치게 하는 건 장난이 아니야!"

수업 시간에 전쟁으로 가족을 잃은 아이들의 사진을 보니 마음이 아팠어. 그날 밤 잠자리에 들기 전에 소원을 빌었어.
"달님, 하루빨리 우리나라가 통일이 되게 해 주세요."

인성 씨앗 심기

평화는 우리 모두가 행복하게 살아가기 위해 반드시 지켜야 할 약속이에요. 약속을 지키지 않고 서로 다투고 미워하면 우리의 삶은 어둡고 힘들어질 거예요. 평화로운 세상을 위해 우리가 할 수 있는 일은 무엇일까요?

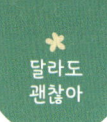

20 년　월　일　　　날씨

우리만의 특별한 집

더 예쁜 그림이 됐네?

친구와 함께 그림을 그렸다.
나는 집을 파란색으로 칠하고 싶었는데
친구는 노란색으로 칠하고 싶어 했다.
파란색과 노란색을 반씩 칠했더니 특별한 집이 완성됐다.

포용
생각이나 행동이 다른 사람도 넓은 마음으로 받아주는 태도

축구를 하는데 예준이가 넘어지면서 공을 빼앗겼어.
경기에서 져서 속상하지만, 나는 예준이가 최선을 다했다는
걸 알아. "예준아, 괜찮아!"

유진이는 환경과 동물 보호를 위해 고기를 적게 먹으려고
노력한대. 나는 고기를 좋아하지만 유진이와 밥을 먹을 때는
다른 음식을 골라야겠어.

내 동생은 모르는 것도 많고 궁금한 것도 많아.
"왜?"라고 묻는 동생이 가끔 귀찮을 때도 있지만,
잘 듣고 대답해 주려고 해. 그래도 내가 형이니까!

인성 씨앗 심기

포용은 나와 다른 친구들의 모습을 있는 그대로 봐 주고, 위해 주는 거예요. 나와 다른 생각과 마음을 받아들이면 나의 세상도 넓어진답니다.

20 년　월　일　　날씨

알록달록 하트 만들기

미술 시간에 낙엽으로 작품을 만들었다.
나는 주황색 낙엽을 모으고, 짝꿍은 빨간색 낙엽을 모았다.
함께 모은 낙엽으로 알록달록한
하트 모양을 만들었다.

협력
서로 도와 함께 일을 해내는 행동

친구가 무거운 책을 여러 권 들고 비틀비틀 걷는 게 힘들어 보였어.
"나랑 같이 나누어 들자."

청소 시간에 나는 쓰레기를 줍고 친구는 비질을 했어. 둘이 힘을 합쳤더니 평소보다 청소를 훨씬 빨리 끝낼 수 있었어.

주말을 보내고 등교했더니 교실에서 키우는 화분이 시들시들하게 변해 있었어. 친구들과 돌아가며 물을 주고 햇볕을 쐬어 주었더니 다시 기운을 차렸어.

인성 씨앗 심기

혼자 하면 어려운 일도 같이 하면 쉬워질 때가 있어요. 친구들과 협력하며 서로 도울 때 더 많은 일을 해낼 수 있다는 걸 잊지 말아요.

여러 나라의 디저트

3학년 박선우

여러 나라에는 디저트가 살아요.

모찌가 말했어요.

"내가 더 쫄깃쫄깃해서 더 맛있어!"

월병이 말했어요.

"아니야. 내가 더 달콤하고 고소해서 더 맛있어!"

마카롱이 말했어요.

"내가 더 달고 쫀득쫀득해서 더 맛있어!"

젤라또가 말했어요.

"내가 더 부드럽고 시원해서 더 맛있어!"

한과가 말했어요.

"내가 더 말랑말랑하고 달달해서 더 맛있어!"

다들 싸우지 마! 서로 서로 존중해야지.

디저트들이 다른 디저트한테 사과했어요.

생김새는 다르지만 모두 모두 맛있어요!

서로서로 정답게 지내요.

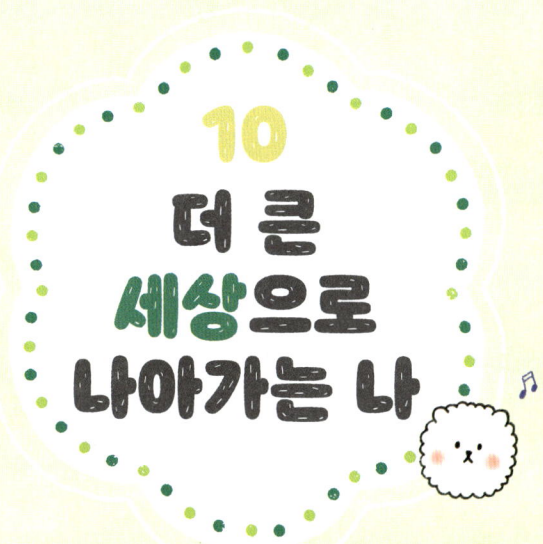

20 년　월　일　　날씨

맛있는 세계 과자

중국으로 여행을 다녀온 친구가
중국 전통 과자인 월병을 선물해 주었다.
월병을 먹다 보니
다른 나라의 음식과 전통이 궁금해졌다.

공존
서로 다르지만 함께 어울려 살아가는 상태

 음악 시간에 마이가 베트남 노래를 가르쳐 줘서 다 같이 따라 불렀어. 낯선 언어가 어색했지만 노래로 배우니 재미있게 익힐 수 있었어.

미국에서 온 레이첼네 집에서는 신발을 벗지 않는대. 레이첼의 집에 놀러 가면 신발을 신고 있어야겠구나!

 우리나라에서는 밥그릇을 손에 들고 식사하는 것이 예의에 어긋나는 행동인데, 일본에서는 그렇지 않다고 해. 가까운 나라인데도 문화가 다르구나!

인성 씨앗 심기

우리가 사는 세상이 아름다운 것은 다양한 문화가 함께 살아 숨쉬기 때문이에요. 모두 없어서는 안 될 소중한 유산이지요. 일상에서 발견할 수 있는 다양한 문화를 찾아보세요.

20 년 월 일 날씨

달라서 더 예쁜 봄꽃들

주위를 둘러보니 아름다운 꽃들이 참 많구나!

 봄이 되자 집 앞에

개나리, 목련, 튤립, 민들레, 벚꽃, 철쭉이 활짝 피었다.

 우리 가족이 좋아하는 꽃은 각자 달랐지만

모두 예쁘다고 생각했다.

다양성
서로 다른 것들이 함께 어울려 특별해지는 모습

눈동자가 초록색인 친구를 보고 처음에는 당황했지만, 이제는 친구의 초록색 눈동자에 담긴 따스함을 느낄 수 있어.

할머니께서 마라톤 대회에 나가셨어. 처음에는 다치실까 봐 걱정되어 심장이 콩닥콩닥 뛰었는데, 달리는 할머니를 보니 나이에 상관없이 도전하는 게 멋있다는 생각이 들었어.

도서관에 책을 읽어 주는 전자책 코너가 생겼어. 나는 책을 눈으로 읽었고, 다른 친구는 귀로 책의 내용을 들었어. 각자의 방법으로 책을 즐길 수 있어서 참 좋아.

인성 씨앗 심기

만약 모두가 같은 모습으로 같은 생각을 한다면 매일이 심심하고 재미없을 거예요. 다양한 사람들과 문화가 모이면 세상이 더욱 다채로워지지요. 내 주변에는 어떤 다양한 아름다움이 있는지 찾아볼까요?

20 년 월 일 날씨

작아진 옷 나누어 입기

작아져서 더 이상 입지 못하는 옷들을 차곡차곡 정리했다.
이런 옷들을 필요한 아이들에게
나누어 주는 곳이 있다고 해서 가져다주었다.
이 옷이 꼭 필요한 아이에게 잘 맞았으면 좋겠다.

봉사
다른 사람이나 사회를 위해 기꺼이 돕는 행동

주말에 부모님과 함께 우리 동네 쓰레기 줍기 행사에 참여했어. 깨끗해진 거리를 보니 뿌듯하고 기분이 좋았어.

우편함에 편지가 와 있었어.
엄마가 오랫동안 후원한 오빠가 대학에 합격했다는
소식이었어. 나도 커서 엄마처럼 어려운 사람을 돕고 싶어.

용돈을 조금씩 모아서 기부 저금통에 넣었어.
저금통에 동전이 가득 차면 형편이 어려운 친구들에게
학용품을 보내 주는 곳에 기부할 거야.

인성 씨앗 심기
봉사는 누구나 할 수 있어요. 다른 사람을 배려하는 마음으로 내가 가진 것을 나누는 것이 봉사랍니다. 나의 작은 배려도 지구촌 친구들에게는 큰 도움이 될 수 있기 때문이에요. 어떤 것을 나누고 싶은지 생각해 보세요.

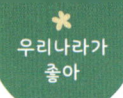

20 년 월 일   날씨

자랑스러운 우리나라

태극기와 무궁화는 우리나라의 소중한 상징이야.

우리나라 선수가 올림픽에서 금메달을 받았다.
시상식에서 애국가가 울려 퍼지자
가슴이 뭉클하고 벅차올랐다.
내가 대한민국의 국민이라는 것이 무척 자랑스러웠다.

애국심
자기 나라를 소중히 여기고 사랑하는 마음

대한민국의 독립을 위해 애써 주신 독립운동가분들께
감사한 마음을 전하고 싶었어.
그래서 광복절에 베란다에 태극기를 달았어.

무궁화는 아침에 펴서 저녁에 지고, 다음날 아침이 오면
다시 활짝 피어난다고 해. 끊임없이 피고 지는 무궁화처럼
수많은 어려움을 이겨낸 우리나라가 자랑스러워.

우리나라 선수가 외국과의 경기에서 멋지게 골을 넣었어.
같이 경기를 보던 사람들이 모두 일어나 환호성을 질렀지.
나도 같이 "대한민국!"을 외치며 뿌듯함을 느꼈어.

인성 씨앗 심기

우리는 자랑스러운 대한민국의 주인이에요. 나라를 사랑하고, 우리나라를 상징하는 것들을 소중히 여기는 것은 주인으로서 마땅히 지녀야 하는 마음이지요.

우리 모두 보배로워

20 년 월 일 날씨

어린이에게도 인권이 있어

오늘은 우리들의 날!

야호! 내가 가장 기다리는 어린이날!
어른만큼 어린이도 꼭 누려야 하는 것이 있다.
신나게 노는 것, 재미있게 배우는 것,
사람답게 사는 것!

인권
사람이라면 당연히 가지는 소중하고 기본적인 권리

"아프면 참지 말고 꼭 말해야 한다."
감기에 걸려 병원에 갔더니 의사 선생님께서 말씀하셨어.
누구든지 아프면 치료를 받을 수 있다고 하셨어.

옛날에 미국에서는 흑인이 버스 앞자리에 앉을 수
없었대. 정말 이상한 일이야.
누구나 앉고 싶은 자리에 앉아야 해.

집에 가면 사랑하는 부모님과 함께 내가 제일 좋아하는
과자를 먹을 수 있어서 정말 행복해.
모두가 이렇게 행복하게 살 수 있으면 좋겠어.

인성 씨앗 심기

인권은 사람이라면 누구나 가지는 당연한 권리예요. 인종, 국적, 성별, 나이에 상관없이 모두의 인권은 존중받아 마땅해요. 내가 소중한 만큼 다른 사람도 소중하다는 것을 잊지 말아요.

20　년　　월　　일　　　날씨

걱정 없이 공부할 수 있는 세상

전쟁이나 차별로 학교에 다니지 못하는
어린이들이 있다고 한다.
모든 아이가 아무 걱정 없이 공부할 수 있는 방법은 없을까?
내가 할 수 있는 일을 찾아봐야겠다.

인류애
나라, 인종, 문화와 상관없이 모든 사람을 소중히 여기는 사랑

 지구 반대편에서 전쟁으로 많은 사람이 다치거나 죽어가고 있어.
어떤 이유로든 사람을 해치는 것은 옳지 않아.

지구의 온도가 점점 높아져서 빙하가 빠르게 녹고 있대. 바닷물이 늘어나서 살 곳을 잃은 사람들이 있다는 이야기를 들었어. 지구를 위해 오늘부터 에어컨을 적게 틀어야겠어!

 나는 일회용 컵 대신 텀블러를 사용해. 플라스틱을 많이 쓰면 바다와 땅이 오염되고, 지구에 살고 있는 생명들이 모두 힘들어질 거야. 귀찮아도 텀블러를 꼭 챙겨야지!

인성 씨앗 심기

지구촌에 살고 있는 사람들은 모두 우리의 소중한 이웃이에요. 이웃을 아끼고 사랑하는 마음으로 세계의 문제에 관심을 가지는 것이 인류애를 실천하는 첫 번째 방법이랍니다.

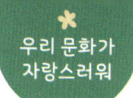 우리 문화가 자랑스러워

20 년   월   일   날씨

위대한 우리의 글자, 한글

우리나라의 문화와 역사가 자랑스러워.

세종대왕님께서는 글을 읽지 못하는
백성을 위해 한글을 만드셨다.
한글이 있어 쉽게 읽고 쓸 수 있다는
사실에 감사하다.

자긍심
자신을 자랑스럽게 여기고 소중히 여기는 마음

우리나라의 온돌은 적은 연료로 방 전체를 따뜻하게 데워 줘.
게다가 구조가 간단해서 쉽게 고장 나지 않아.
이런 난방 장치를 만든 조상님들의 지혜가 대단해.

옛날에는 겨울에 신선한 채소를 구하기 힘들었대.
그래서 오랫동안 보관할 수 있는 김치를 담근 거야.
나는 맛도 좋고 건강에도 좋은 김치가 너무 좋아.

외국에 갔는데 거리에서 한국 음악이 울려 퍼졌어.
그곳에도 우리나라 음악을 좋아하는 사람이 있나 봐!
우리 문화가 세계적으로 사랑받는다는 사실에 뿌듯했어.

인성 씨앗 심기

오랜 시간 이어져 내려온 자랑스러운 우리의 문화와 역사가 지금의 대한민국을 만들었어요. 자긍심을 가지고 우리 문화유산을 지키고 발전시켜야 해요.

초등 필수
인성 배움 사전

1판 1쇄 인쇄 2025년 6월 16일
1판 1쇄 발행 2025년 6월 23일

지은이 박은선·김인의·박여울·박정은
발행인 김형준

총괄 김아롬
책임편집 이의정, 박시현, 허양기
디자인 홍정순
온라인 홍보 허한아
마케팅 진선재

발행처 체인지업북스
출판등록 2021년 1월 5일 제2021-000003호
주소 경기도 고양시 덕양구 원흥동 705, 306
전화 02-6956-8977
팩스 02-6499-8977
이메일 change-up20@naver.com
블로그 blog.naver.com/changeupbooks

ⓒ 박은선·김인의·박여울·박정은, 2025

ISBN 979-11-91378-75-7 (73710)

- 이 책의 내용은 저작권법에 따라 보호받는 저작물이므로,
  전부 또는 일부 내용을 재사용하려면 저작권자와 체인지업북스의 서면동의를 받아야 합니다.
- 잘못된 책은 구입처에서 교환해 드립니다.
- 책값은 뒤표지에 있습니다.

체인지업북스는 내 삶을 변화시키는 책을 펴냅니다.